该书系天津市哲学社会科学规划项目"大运河文化带天津民俗体育……（项目编号:TJTY22-004)"的阶段性成……

大运河文化带
天津民俗体育文化特质研究

DAYUNHE WENHUADAI
TIANJIN MINSU TIYU
WENHUA TEZHI YANJIU

高　飞　屈丽蕊——著

天津社会科学院出版社

图书在版编目（CIP）数据

大运河文化带天津民俗体育文化特质研究 / 高飞，屈丽蕊著. -- 天津 : 天津社会科学院出版社，2024. 8.
ISBN 978-7-5563-0998-6

Ⅰ. G852.9

中国国家版本馆 CIP 数据核字第 2024P90X76 号

大运河文化带天津民俗体育文化特质研究
DAYUNHE WENHUADAI TIANJIN MINSU TIYU WENHUA TEZHI YANJIU

选题策划：韩　鹏
责任编辑：李思文
装帧设计：高馨月
出版发行：天津社会科学院出版社
地　　址：天津市南开区迎水道 7 号
邮　　编：300191
电　　话：（022）23360165
印　　刷：北京建宏印刷有限公司
开　　本：710×1000　　1/16
印　　张：12.5
字　　数：200千字
版　　次：2024 年 8 月第 1 版　　2024 年 8 月第 1 次印刷
定　　价：78.00 元

天津市哲学社会科学规划项目

（项目编号：TJTY22-004）

课题负责人：高　飞

课题组成员：屈丽蕊　张厚喜　劳洪涛

　　　　　　　段宜辰　谷东泽　程嘉宁

前　言

借古之规矩，开今之生面。大运河文化带天津民俗体育文化传承历史悠久，不仅是中华"运河文化""体育文化"与"民俗文化"的耦合，而且承载着天津市民鲜活的历史记忆、深厚的文化底蕴和真切的社会情感。天津民俗体育以中华优秀传统文化中独特的文化理念与生态智慧为载体，与时令、节气等自然生态因素相结合，形成了许多源远流长且依托传统节庆民俗的民间体育活动，如新年登高、清明节放风筝、端午节划龙舟、重阳节登高等。同时，沿运河而来的妈祖文化也在天津这片河海交汇、文明交融的土地上扎根、发芽、开花、结果，最终形成了既有自身特色又具天津地域文化特质的民俗体育事项，如天津皇会中的中幡、旱船、秧歌等。大运河文化带天津民俗体育既是深厚文化底蕴作用积淀的结果，又与近现代以来多元文化冲击和社会环境变化息息相关。有鉴于此，本书基于民俗体育视角，以大运河文化带天津民俗体育文化特质为研究对象，运用文献资料法、田野调查法、历史研究法、专家访谈法、个案研究法和数理统计法等研究方法从以下几个方面展开研究。第一，概述大运河天津段，包括北运河、南运河、减（引）河的历史发展概况及其文化生态底蕴。第二，通过典型案例，分析并揭示天津市国家级体育类非物质文化遗产——回族重刀武术、拦手门、李氏太极拳、永良飞叉、大六分村登杆、穆氏花毽、无极拳、戏法，以及部分天津市级体育类非物质文化遗产和区级体育类非物质文化遗产等民俗民间传统体育项目的独特文化魅力与多元价值。第三，诠释并界定大运河文化带天津民俗体育文化特质的相关概念及其内涵。第四，从物质层面、制度层面、精神层面和行为层面四个维度研究梳理大运河文化带天津民俗体育的文化特质。就物质层面而言,天津民俗体育具有庄严神圣性、多重效益性、休闲娱乐性、求实致用性等文化特质;就制度层面而言,天津民俗体育具有原则坚守性、参与灵活性、礼仪规范性、守正创新性等文化特质;就精神层面而言,天津民俗体育具有天人合一性、百折不挠性、保家卫国性、情怀传承性等文化特质;就行为层面而言,天津民俗体育具有祭祀祈福性、身心兼修性、礼德并重性、虚实相济性等文化特质。第五,分析大运河文化带天津民俗体育文化特质的形成渊源与时代变迁。第六,探究大运河天津段民俗体育的发展问题、阻碍因素与发展对策。进而,研究得出"大运河文化带天津段民俗体育具有多重文化特质;天津民俗体育的文化本质及其内涵保持相对稳定;天津民俗体育文化样态伴随社会意识形态而变化;天津民俗体育文化遗产保护应与政策步伐相一致;天津民俗体育项目高质量发展需多部门协同发力;天津民俗体育的文化价值因由市场干预发生流变;天津民俗体育文化传承与发展需要融合现代科技"等发展特征与规律。借此,提出"提高文化保护认知,实现天津民俗体育保护举措多样化;发挥场域联动作用,借助体育公园保护与传承民俗体育;深挖民俗体育内涵,激发民俗体育保护传承的社会共识;坚持人民共建共享,唤醒民众创新天津民俗体育的积极性;强化法律制度保障,健全民俗体育传承监察与监管机制;深化体育教育融合,助力民俗体育与学校教育精准结合;营造社会良好氛围,依托媒体与科技力量传播民俗体育"等建议,以期充分发挥民俗体育维系民族团结、坚定文化自信等重要作用,汇聚起实现中华民族伟大复兴的强大凝聚力与向心力。

目　录

第一章　概　论

第一节　选题依据

一、响应加强民俗体育保护与抢救的国家战略

非物质文化遗产(以下简称"非遗")是我国最具代表性的历史文化宝藏。保护和传承"非遗"是铸牢中华民族共同体意识的关键一环,有助于加强我国文化自主、文化自觉、文化自信以及文化自强建设,进而加速构建起具有中国特色的话语体系和叙事体系。"非遗"本身并无实体,在社会的快速变迁中十分脆弱,以致保护起来困难重重。近年来,我国为扎实做好"非遗"的系统性、完整性保护做出了不懈努力。2017 年,国务院办公厅印发《关于实施中华优秀传统文化传承发展工程的意见》,强调保护传承文化遗产,要坚持保护、抢救第一,加强管理并行的方针,要不断完善非物质文化遗产保护工作,并首次提出要把民俗体育项目纳入全民健身工程的意见①。2021 年 8月,国务院办公厅发布《关于进一步加强我国非物质文化遗产保护工作的意见》,明确指出到 2035 年实现非物质文化遗产全面且有效地保护,提出完善

---

① 国务院.关于实施中华优秀传统文化传承发展工程的意见［EB/OL］. http://www. gov. cn/zhengce/2017-01/25/content_5163472. htm. 2017-01-25.

"非遗"保护体系等一系列措施①。同年 10 月,国家体育总局发布《"十四五"体育发展规划》,指出要加强优秀传统体育项目保护利用和传承,加强体育非物质文化遗产的开发利用与活态传承②。因此,"非遗"传承的最终归宿是在与现代社会生活紧密结合的过程中实现"非遗"的时代价值并由此重获新生。以上规划性文件的印发充分彰显了国家对于民俗体育以及体育类非物质文化遗产迅速流失问题的高度关注。加强民俗体育的保护与抢救、全面复兴中华优秀传统文化已成为刻不容缓的时代任务。与大运河文化带相伴而生的天津民俗体育从诞生之初便承载着鲜明的人类生存文化属性,在历史的进程中顺应时代发展和要求而传承至今。时至今日,民俗体育所具备的提高国家传统体育文化凝聚力和增强民族文化生命力的战略意义愈发突出。

二、探索民俗传统体育可持续发展的可行路径

大运河的开凿孕育了丰富多彩的大运河文化,由此孵化出精彩纷呈的津门传统民俗体育。传统民俗体育是以民俗精神文化为核心,以大众喜闻乐见的体育项目为表现形式,通过多种媒介表现出来的一种独特的民间体育项目。传统民俗体育涉及的项目范围很广,通常是结合当地民风民俗、日常生活方式和民间传统文化创造出来的具有浓厚民间文化气息的项目,诸如青海省的射箭、西藏的藏棋、天津的回族重刀武术等。这些民俗体育项目的传承离不开项目本身的活态传承。而实现民俗体育项目活态传承的根本途径和必由之路是实现体育文化的可持续发展。由于体育类民俗独具技艺性的特点,其传承与发展绝非易事。大致而言,多数民俗体育项目不如竞技体育项目传播度高,或因项目本身受限影响其传承与发展,或因现代社会文化的巨

① 国务院.关于进一步加强我国非物质文化遗产保护工作的意见[EB/OL]. http://www.gov.cn/xinwen/2021-08/12/content_5630974.htm.2021-08-12.

② 国家体育总局."十四五"体育发展规划[EB/OL]. https://www.sport.gov.cn/zfs/n4977/c23655706/content.html.2021-10-25.

大冲击而逐渐淡出历史舞台。总之,民俗传统体育的发展前景不容乐观,探索民俗体育的可持续发展之路显得尤为重要。国家制定各项政策措施,积极拓展民俗体育文化的生存与发展空间,如"民俗体育博物馆""非物质文化遗产传承体验基地""体育公园"等的建设。再如,与天津民俗体育密切相关的"妈祖文化园"占地面积达 3.9 万平方米,全部为填海造陆而成,总投资约 40 亿元,将旅游、商业、娱乐、餐饮等囊括园区之中,并定期举办民俗体育表演活动,力图将天津民俗体育的原貌生动清晰地展现于观众眼前,诠释民俗体育的文化魅力,展示了天津民俗体育可持续发展探索的初步成效。然而,民俗体育的发展仍需不断探索、开发其他可持续发展的路径,可谓任重而道远。

三、实现大运河文化与天津民俗体育有机融合

"九河下梢天津卫,三道浮桥两道关。"这句话概括了天津优越的地理位置。天津坐落于海河下游,东临渤海,北靠燕山,自古因漕运而行,至今仍是"一带一路"的重要交通枢纽。在大运河天津段水文化及派生文化的传播交融下,各种文化在此交流碰撞,不仅催生出包括五大道历史建筑群、津门故里博物馆和传统手工艺品等数量丰富、类型多元的有形资源,还孕育出包括天津方言、评书、传统庙会等在内的无形资源[①],其中妈祖文化借大运河河道由福建传到天津后与天津本土民俗相结合,实现了天津民俗体育"1+1>2"的传播效果。如天津皇会的汉沽飞镲,表演时气势如虹,边跑边打,淳朴而火爆的打法让围观者掌声不断;法鼓老会鼓乐齐鸣,雄浑嘹亮,节奏上起承转合,抑扬顿挫,演奏时还融入许多武术动作,场面十分壮观,吸引了不少游客前来观看;高跷、捷兽、杠箱、宫前中幡、重阁、法鼓、清平竹马等民俗体育项目亦是异常"火爆",频频"出圈"。每逢年底,鼓楼下的庙会以及农历正月十五的花灯会都离不开民俗体育的展演。同时,天津还经常举办各种民族传统体育赛

---

① 朱阳,刘小溪.文化空间视角下大运河天津段非物质文化遗产保护路径研究[J].中国非物质文化遗产,2022(2):96-103.

事,召开各项民族传统体育运动会,譬如天津海河龙舟赛,已连续举办 35 年,吸引了 40 多个国家和地区前来参赛。在天津这座城市中,水道与民俗交织,技艺与时代同行,形成了独具地方特色的天津民俗体育。"运河""民俗""旅游"等消费热点在拉动城市经济发展的同时,也面对供给侧和需求侧的结构性失衡、民俗传承和技艺保护不力等现实问题,探索民俗体育与运河文化新的协调融合方式,解决民俗体育发展瓶颈问题,成为当下民俗体育可持续发展面临的重大挑战。

第二节　研究目的与研究意义

一、研究目的

本书以"天津民俗体育文化特质"为研究主题,旨在深入探究大运河文化带天津民俗体育文化特质。通过查阅检索与之相关的学术期刊、硕博论文、会议资料等,掌握该研究的前沿问题,并通过系统地梳理与探究,进一步调查、分析和论证,以期达到以下目的。

（一）界定大运河文化带天津民俗体育的文化特质

通过深入研究天津段大运河沿线地区的民俗体育活动、传统项目以及相关文化背景,揭示天津段大运河沿线地区民俗体育项目的文化特质,明确其在大运河文化带建设中的独特地位和作用。

（二）探索大运河文化与天津民俗体育的关系

通过探索大运河文化与天津民俗体育之间的相互影响和相互渗透情况,分析并揭示其内在联系和外在影响。

（三）分析大运河文化带天津民俗体育的文化价值与意义

通过深入研究探讨民俗体育的形成、文化资源的开发和民俗体育的传播策略等问题,揭示天津民俗体育及其文化的独特性、多样性。通过多方审视天津民俗体育文化,深入探讨其在维护地方文化传统、促进社会和谐发展、增强民族自信心等方面的重要意义和价值。

（四）提出促进大运河文化带天津民俗体育文化发展的策略建议

基于以上研究成果,结合当前民俗体育保护、传承、利用发展中存在的问题与挑战,从政策、规划与推动举措等方面提出相应的建议,以期实现民俗体育的创造性转化与创新性发展。

综上,本研究旨在更好地理解和挖掘大运河文化带天津民俗体育的文化特质,为保护、传承和发展天津民俗体育文化提供理论借鉴,优化我国大运河文化带民俗体育创新性发展的路径模式,为大运河文化带天津段民俗体育文化建设提供实践支持。同时,期望以此吸引更多的学者参与到民俗体育跨学科交叉研究中,为中华优秀传统文化的创造性转化与创新性发展提供理论支撑与学术参考。

二、研究意义

民俗体育作为一种展现我国民俗风情的文化形态,具有无可替代的文化价值与社会使命。一直以来,学术界非常重视民俗文化的挖掘、保护以及传承发展,诸多专家学者通过研究民俗体育理论、民俗体育个案发展现状以及民俗体育功能与特征等,构建了我国民俗体育文化的理论体系。然而,关于天津民俗体育文化特质的研究相对薄弱,有待进一步开展研究。因此,本研究具有如下意义。

（一）理论意义

自大运河成功入选世界遗产名录以来,关于大运河文化遗产的保护与利用便成为社会各界关注、讨论的热门话题。目前,国内外学者大多将大运河单独作为研究对象,缺少对河流、城镇进行分区的特定研究,忽视了各运河沿岸城市的文化差异性。故而,本研究拟通过对大运河天津段民俗体育资料进行整理,对大运河文化带中的民俗体育资源进行深度挖掘,力求为我国体育文化遗产的研究提供一个新的实例与角度。

此外,学术界关于大运河沿线民俗体育的研究对象主要集中在江苏省、浙江省(特别是杭州市)等南方经济发展水平较高的地区;在经济发展较为缓慢的北方沿岸省市,研究程度较低。天津市地处中国北方,虽然运河文化遗产密集丰富,但在民俗体育文化特质方面的研究不够深入,理论研究也相对薄弱。有鉴于此,本研究拟以大运河文化带天津民俗体育事象为调查对象,探讨一种适用于北方地区大运河文化带民俗体育文化遗产的保护与开发模式,以资借鉴。本研究将着重从大运河天津段民俗体育的独特属性出发,探索其文化特质与发展轨迹,以期在前人研究的基础上获取进一步的研究成果和研究发现。

（二）实践价值

其一,京杭大运河既是交通枢纽,又是人文景观,具有深厚的人文底蕴,是一种颇具价值的文化遗产。本研究对大运河文化带天津民俗体育的历史变迁及其社会功能进行深入挖掘,可以对天津段运河文化遗产进行有效梳理。在有效保护运河文化遗产的基础上,促进对本地区大运河文化遗产的合理利用,以期提高天津运河的知名度,打造运河文化特色观光旅游景点与路线。

其二,本研究旨在有效保护运河沿线蕴藏的历史文化遗产。目前大运河天津段的保护现状不容乐观,民众对运河河道和文化遗产特别是民俗体育的保护意识较为淡薄。本研究通过梳理天津段运河文化,意在呼吁民众增强保护运河民俗文化的意识,对历史文化遗产的传承起到更好的存续作用。

民俗体育作为时代的瑰宝,不应只作为记忆留存于人们的头脑之中,也不应只作为文字数据存放在档案和书籍之中,而应该从极少数传承人的手中走向鲜活的生活,走进新时代的文化自信和民族振兴理念进程之中。本研究拟通过对大运河文化带天津民俗体育发展历程进行研究,探索其独特的文化特质;进而促进民俗体育重新回归我们的日常生活,推动民俗体育与时俱进地融入新时代具有中国特色的社会主义文化体系建设之中;为政府优化我国大运河文化带民俗体育创新性发展模式提供理性认识和决策参考,为大运河文化带民俗体育可持续发展提供理论依据和现实参考,助推中华优秀民族民间传统体育文化复兴。

第三节　研究对象与研究方法

一、研究对象

本书以"大运河文化带天津民俗体育文化特质"为研究对象。具体研究内容包括大运河天津段概述、大运河文化带天津民俗体育文化特质的概念界定、大运河天津段文化生态底蕴研究、大运河天津段民俗体育典型案例分析、大运河文化与天津民俗体育文化的相互联系、大运河文化带天津民俗体育文化的独特魅力、大运河文化带天津民俗体育的多元价值、大运河文化带天津民俗体育之物质文化特质、大运河文化带天津民俗体育之制度文化特质、大运河文化带天津民俗体育之精神文化特质、大运河文化带天津民俗体育之行为文化特质、大运河文化带天津民俗体育文化特质的形成渊源、大运河文化带天津民俗体育文化特质的时代变迁、大运河天津段民俗体育发展中存在的问题、大运河天津段民俗体育的发展对策等。

二、研究方法

（一）文献资料法

根据调查研究的需要，依托天津体育学院图书馆数据库资源，包括中国知网、维普、万方等数据库资源，以"大运河文化带""大运河天津段""民俗体育""天津民俗体育""体育文化特质"等为主题词或关键词，有针对性地进行检索、查询、整理相关研究资料，同时还整理、分析了与大运河、民俗体育保护、传承与发展的相关的政策、法律、规划等，为本书做足做好理论铺垫。

（二）田野调查法

民俗体育事象是本书的调查对象，本书选取天津市各区具有代表性的民俗体育项目作为考察对象，通过观看民俗体育表演，以现场观众、传承人为调查对象，以实地考察、录音、录像、口述、拍照等为研究手段来获得一手资料，分别调查、研究了天津市各区人文历史、训练和竞赛、传承人等相关情况。另外，通过参观一些民俗体育的展览馆、博物馆等文化场域与空间，探寻相关的资料，并以此作为研究开展和报告撰写的基础。

（三）历史研究法

运用历史资料，按照历史发展的顺序对大运河发展过程、阶段进行研究。纵向梳理大运河天津段不同文化圈的运河文化生态演变过程，识别影响大运河天津段文化与聚落形态变迁的重大事件，探寻天津运河开发的规律，为研究大运河文化带天津民俗体育文化特质提供方向和依据。

（四）专家访谈法

访谈采用正式访谈与非正式访谈相结合的方式，在访谈前针对题目和研究目的拟定访谈提纲,并在实际操作中根据具体情况对问题进行酌情增减,本研究访谈涉及多层面,对天津体育学院等专业体育院校的杨××教授、梅××教授、孙××教授、王××教授、高××教授、张××教授、赵××教授等 10 余专家学者进行深入访谈,保证了访谈信息的丰富性、完整性和真实性。为了保证访谈信息可以得到有效保存,采用录音和笔记相结合的方式来记录访谈内容,并在访谈结束后尽快对其归纳和整理,形成一手资料,以此启发研究思路。

(五)个案研究法

根据课题研究目的和研究任务的需要,通过有目的、有计划、有组织、有系统地搜集以回族重刀武术、拦手门、太极拳(李氏太极拳)、大六分村登杆圣会、永良飞叉、穆氏花键、无极拳、戏法八项国家级体育类非物质文化遗产体育项目为主体,以部分省市级体育类非物质文化遗产体育项目为补充,探索大运河文化带天津地区民俗体育现实状况和相关文献,深入整理并研读大运河文化带天津民俗体育文化特质研究的资料,探讨它们之间的联系,以便对其进行深入、全面的认识与归纳。

(六)数理统计法

以大运河文化带天津民俗体育文化特质为研究对象,通过定性思辨以及定量实证分析研究,将获取的全部信息汇总并加以统计,借助 Spss、Excel 软件进行数据分析,从而进一步得出此次分析所需的支撑数据,以保证数据的科学性与有效性。

第四节　文献综述

一、大运河文化带的研究

开凿大运河是中国历史发展过程中的一个重要节点,以运河文化为载体,在空间上呈现出贯穿南北的运河姿态。1996 年,国际工业遗产保护委员会发布的《国际运河古迹名录》评价中国古代大运河为全球最具影响力的水道之一、世界运河史上的里程碑①。大运河作为中国第一条实现"穿山越岭"的运河,始建于公元前 486 年。就历史角度而言,中国大运河是全球开凿时间最早、线路最长、延续时间最久的运河,可以说是中华文化发展的缩影和标识。从世界遗产的意义上来说,大运河包含了京杭大运河、隋唐大运河和浙东运河三个部分,横跨天津在内的八个省市。京杭大运河既是沟通南北的枢纽,又是不可多得的人文瑰宝,是中国北方与南方进行交流的主要纽带。

中国传媒大学熊海峰教授强调,研究大运河文化是理解和建设大运河文化带的前提。大运河文化带是指以大运河文化为内核,以保护、传承、利用为主线,以带状地理空间为载体,以区域交通为基础,以沿线城镇为发展主体,集遗产与生态保护、经济与社会发展、文化与休闲等多种功能于一体的综合型文化功能区域②。大运河文化带是一种以多点联动、合力为基础,以大运河为依托的新的带状经济带。在地域空间分布上,北连环渤海经济带、南连长江经济带,涵盖了中国东部六省和中部地区,是国家合理布局和整体协调发展的关键所在。大运河文化带建设既不局限于文化遗产保护,也不完全是沿河城市群的经济带建设,而是将文化资源优势作为当下中国区域发展的核

---

① 刘冰雅,刘曙光.大运河文化的构建与传承[N].光明日报,2023-10-14(003).

② 熊海峰.推进大运河文化带建设的对策探析[J].中国国情国力,2017(10):43-45.

心要素,协调中东部,连接南北方,开创文化带动区域空间结构优化的新格局的建设进程①。

在此基础上,针对大运河及其文化遗产,尤其是大运河文化带的研究成果颇为丰硕。但目前对大运河文化带的研究还不够深入和全面,更多局限于一个具体区域的单方面研究。可以说,目前还缺少从整体上全面论述和剖析大运河文化带的研究成果。在这一背景下,有必要对该领域的研究热点、研究路径及未来走向做一个较为全面的梳理和系统的规划。

(一)区域大运河文化带研究

京杭大运河属于我国大运河体系,特指元朝定都北京后,将原来的隋唐运河进行改弯取直,由原来曲折的线路变成直线通向杭州的运河②。京杭大运河构成了中国大运河系统的中心地带,它横跨今天的北京、天津、河北、山东、江苏和浙江六省市。

1.大运河文化带北京段研究

北运河水系属海河流域,历史上曾有白河、沽水、潞水、潞河等称谓,发源于北京太行山脉的西山与燕山山脉的军都山相汇处,清雍正年间始定名为北运河,在北京市境内干流全长 89.1 千米,流域面积 4250 平方千米,流经昌平、顺义、朝阳、通州四区,在通州牛牧屯村出境,经河北香河入天津武清后汇入海河。翟玉章指出,大运河北京段面临着遗产保护压力增大、传承利用效率不高、资源环境挑战严峻、生态空间挤占严重、沿河空间定位不明等突出问题和发展障碍,暴露出旧有的发展模式、思维惯性和路径依赖难以为继③。汪丽丽等人对大运河北京段的保护、传承、利用实践与探索提供了有效的规划。他们提出"城河共生是大运河文化带建设的美好愿景,期望未来发展可

---

① 路璐.擦亮大运河文化带这一国家名片[J].红旗文稿,2019(13):28-30.
② 李德楠.文化线路视野下的大运河文化遗产保护.中国名城,2012(3):42-45.
③ 翟玉章.北京通州大运河水脉特征及对城市绿心格局组织的思考[A].2022 中国城市规划年会论文集,2023:11.

以使运河文化得以传承;将运河文化遗产保护同沿岸生态环境修复、运河通航等有机融合;提高市民群众对运河文化的认识;营造全社会共同关注大运河、保护生态环境的良好氛围"①。安晓宇等人指出,大运河北京段的遗产价值十分丰富,它反映出北京城市文化中时间与空间的连续性,并且大运河北京段既是京杭古运河的终点,也是北京城市发展的重地,是满足首都政治中心基本生存发展的重要因素②。

综上所述,大运河北京段作为古代水路运输的大动脉,不仅带来了经济的繁荣,而且促进了商业、文化等迅速发展,同时也促进了不同城市之间政治、文化、经济的联系。但在现阶段,大运河北京段也存在着比较严峻的文化遗产与环境保护问题。在未来的发展中,大运河北京段应注重以协同理论为基础,以生存传承为保障,实现大运河遗产的保护与利用。

2. 大运河文化带天津段研究

天津这座城市的形成和发展有赖于隋唐大运河的开通,故天津有"大运河载来的城市"之称。大运河作为天津历史意义上的"母亲河",孕育了丰厚的物质文化遗产和非物质文化遗产。对于大运河天津段的研究,许多学者聚焦危机与机遇两个方面展开。孙奎利、谭啸从协同发展的角度着手,指出天津文化遗产和城市建设矛盾突出,并且现阶段运河"非遗"文化与天津城市文化旅游产业契合度不高③。钱升华、邵波探析了大运河天津段的历史文化遗产保护利用问题,在评估概括资产和价值之后,对保护大运河文化带天津段历史文化遗存提出了"加快保护利用制度建设进程,深化遗产价值的研究水平"等建议④。芮正佳、刘舒琪以天津杨柳青木版年画为例,分析了"非遗"

---

① 汪丽丽,赵梓轩,魏晓凡,等.大运河文化保护传承利用实践与探索——以北运河北京段为例[J].北京水务,2023(S1):11-14.

② 安晓宇,孙海涛,薛莲,等.浅议城市视角下大运河遗产保护与利用——以北京市通州区为例[J].文化创新比较研究,2023,7(1):80-83.

③ 孙奎利,谭啸.基于天津大运河沿线"非遗"文化保护与活化设计的人才培养策略研究[J].美与时代(上),2020(6):42-44.

④ 钱升华,邵波.大运河天津段历史文化遗产保护利用探析[J].城市,2021(6):53-61.

文化在大运河文化带建设中的重要作用①。尔惟、张萌等人通过其他城市推动新时代运河文化的保护与传承利用的案例,得出适合大运河天津段保护传承的对策建议:分区推动全线运河资源的活化利用;完善运河旅游交通和公共服务设施;对有突出特色文化的运河村庄(如独流镇、老米店村等)开发文化谱系和旅游特色;打造开放共享的运河智慧服务平台②。

综上所述,在天津段大运河文化保护与利用的演进历程中孕育了诸多与运河密切相关的文物古迹与遗产。这些文化遗产真实客观地反映了天津在各历史阶段之政治、经济、文化和科技水平的发展历程,具有重要的历史价值与文化意义。大运河作为沟通连接京津冀协同发展、"一带一路"倡议、长江经济带发展以及雄安新区国家战略建设的桥梁与纽带,在当前以及今后很长一段时间,对天津融入国家重大战略、推动经济高质量发展、促进社会文化交流互鉴均具有十分重要的现实意义与理论探究价值。当然,大运河天津段的文化保护和发展利用等方面也存在诸多挑战,在未来发展过程中需要加强顶层设计,不断深化大运河沿线天津段物质文化遗产的修缮保护与利用工作,不断完善大运河沿线文化遗产保护和监测机制,以期为大运河的开发利用寻找更合理、更有效的发展路径,进而促进天津市大运河沿线文化遗产的整体性保护与高质量发展。

3. 大运河文化带河北段研究

吴秋丽、曹舒婷概括了大运河河北段的历史,大运河河北段全长 530 多千米,上连京津、下接鲁豫,穿梭于廊坊、沧州、衡水、邢台和邯郸五城之间,既是地理空间意义上的重要节点,又具有深厚的文化底蕴,是中国大运河中独具特色的段落③。马吉照、王凤丽指出,早在明朝时期大运河河北段就成为

---

① 芮正佳,刘舒琪.非遗文化在大运河文化带建设中的活态表达[J].大观(论坛),2022(7):95-97.

② 尔惟,张萌,赵维姗,等.推动新时代大运河(天津段)文化保护传承利用创新发展[J].天津规划研究,2023(1):166-177.

③ 吴秋丽,曹舒婷.多中心治理视域下河北大运河文化保护与传承策略分析[J].沧州师范学院学报,2021,37(2):42-45.

漕运和诗歌发展的中心,并以沧州这一北方运河名城为例,展示其自唐代时就已是州郡治所和横海军节度使的驻地,明清时因运河漕运而更加兴盛,展现了大运河文化带河北段的重要作用①。李晓燕等人撰文展现了大运河文化带河北段文化的民族元素,指出像木板大鼓、西河大鼓和京韵大鼓等独具特色的北方曲艺文化记录着大运河河北段两岸劳动人民的运河文化,蕴含着他们勤劳和坚韧的民族精神;再如以邯郸的土纺土织工艺、衡水的内画工艺、吴桥杂技等传统手艺文化为例,它们作为大运河河北段蕴含的丰富文化资源,同样彰显出河北省域丰富多彩的民俗元素,彰显出河北人民勤劳智慧、自强不息的精神②。

综上所述,大运河河北段所承载的运河文化遗产以极其多元化的形式展示在世人眼前,蕴含着非凡的文化内涵和意义。同时,燕赵大地的武术、杂技、民俗风情等也是异彩纷呈,提高了大运河河北段运河文化在人民群众中的普及程度,增强了人们对大运河文化的认识和信心。虽然大运河河北段拥有丰富的历史遗产和文化资源,但其现行保护模式仍然面临着监管缺位、公共资源严重浪费、决策能力有限等问题,亟待解决。

4.大运河文化带山东段研究

大运河山东段也称"鲁运河",位于京杭大运河的中心地段,是整个运河工程中文化成果最多的一段,其整体布局在鲁西南,流经地区以平原为主体,沿线串联了15座文物古迹,构成了贯穿整个鲁西南的一条重要的旅游廊道,吸引了世界各地的游客前来打卡拍照。大运河山东段地处大运河中枢区段,是中国古老文化的重要发源地,历史文化底蕴深厚,孔子文化、墨子文化、董子文化、泰山文化、漕运文化、水浒文化、黄河文化和红色文化在此地交相辉映,显示出齐鲁文化的特色,拥有曲阜三孔、泰山、齐长城、运河四处世界级非

---

① 马吉照,王凤丽.大运河诗歌与明清漕运——以河北沿运地区为中心[J].保定学院学报,2020,33(4):80-84.

② 李晓燕,徐睿,张立昆.大运河文化带河北段文化遗存中的民族元素提炼与数字化保护研究[J].文物鉴定与鉴赏,2023(21):154-157

物质文化遗产①。自 2014 年大运河被成功列入世界遗产名录以来,山东省各级政府更加重视大运河的旅游开发工作,出台了诸多政策和文件。譬如,山东省政府于 2020 年 4 月颁布了《山东省大运河文化保护传承利用实施规划》,要求充分发掘大运河丰富的历史文化资源,协调各地区的经济和社会发展,建设具有世界影响力的"大运河"文化遗产带,推动山东省的文化建设,彰显民族的文化自信。在保护好资源的基础上,深入挖掘"运河文化",为打造"文化强省"做出贡献。

齐鲁大地汇集着深厚的儒学文化和海纳百川的运河文化,独特的水、渔、食、教、礼等各方面的特色相互融合,从而发展出独具特色的运河民俗,是大运河文化长廊上一道亮丽的风景。

5. 大运河文化带江苏段研究

大运河文化带江苏段是连接楚汉文化、淮扬文化、吴文化和江海文化的纽带。江苏"运河"文化走廊的规划建设,形成了"开放包容""兼容并蓄""独具魅力"的特色标签,为江苏打造"文化大省"提供了得天独厚的条件。江苏境内长达 700 多千米的大运河,目前仍是一条"黄金水道",其保护情况及使用情况良好②。与此同时,江苏拥有丰富的物质文化遗产与非物质文化遗产,共计拥有世界级遗产 28 处,国家历史文化名城 10 座,中国历史文化城镇 19 个,中国历史文化名村 7 个,国家级文物保护单位 149 个,国家级非物质文化遗产 101 个,省市县级以上的文化遗产更是难以计数。大运河江苏段由苏北运河与苏南运河两部分组成。苏北运河穿过扬州和淮安,苏南运河穿过苏州和无锡③。柳邦坤、荣蓉、李茂叶等人以传播学为视角,探索了大运河

① 吴春华,许雁萍.大运河文化带山东段文化产业协同发展研究[J].中国集体经济,2022(4):129-130.

② 韩海青.讲好运河故事 增强文化自信——大运河文化带(江苏段)旅游产业与影视文化融合发展建议[J].唯实,2020(6):72-75.

③ 中国名城编辑部.新时代大运河文化的保护、传承、利用——大运河文化发展论坛综述[J].中国名城,2021,35(7):89-91.

文化在江苏境内的传播路径与战略①②。戴启文等人将本土化的原则融入大运河江苏段的文化保护利用当中,并对其进行改造③。张卫等人从"点—线—面"入手,构建起多点支撑的大运河城市文化带发展格局④。王韬探讨了江苏人的风俗习惯与大运河发展历程的密切关系,以及在四个时期中所表现出来的不同的文化特点⑤。黎峰、李思慧、于诚从大运河文化带江苏段当前存在的问题入手,论述了促进长三角经济一体化发展的思路和途径⑥。邵颖、闫彦两人提出从非物质文化遗产继承的视角观照大运河文化带建设的发展途径⑦⑧。

综上所述,大运河文化带江苏段流域幅员辽阔、历史悠久,沿江文物古迹星罗棋布,分布在运河两岸的非物质文化遗产见证了中国悠久的历史和文明。大运河文化与江苏地区人民的生产、生活与工作紧密相连,凸显了该地区丰富的自然地理空间优势和深厚的人文风情风貌,生动彰显了大运河江苏段的历史进程和文化特色。

6.大运河文化带浙江段研究

大运河浙江段地处浙江省北部平原,由江南运河浙江段和浙东运河两部

---

① 柳邦坤,荣蓉.中国大运河文化对外传播策略探析——以江苏为例[J].今传媒,2018,26(12):17-19.

② 李茂叶.大运河文化传播路径探析——以江苏段运河文化为例[J].新闻爱好者,2020(10):57-60.

③ 戴启文,陈钟奇.大运河文化背景下民宿的室内外空间重塑——以徐州窑湾客栈为例[J].居舍,2021(16):23-24.

④ 张卫,樊佩佩.大运河文化带建设国际性传播发展状况及策略——以江苏段为例[J].艺术百家,2019,35(2):73-77.

⑤ 王韬.运河文化与江苏社会风尚变迁研究[J].档案与建设,2021(4):64-67.

⑥ 黎峰,李思慧,于诚.以江苏大运河文化带协同治理助推长三角一体化[J].江南论坛,2021(1):13-15.

⑦ 邵颖.江苏省大运河文化带"非遗"译介与传播的调查研究[J].山西青年,2021(4):130-131.

⑧ 闫彦.承传与创变——大运河文化带(江苏段)传统工艺的发展路径研究[J].美术大观,2021(4):87-89.

分组成,由北至南依次经过嘉兴、湖州、杭州、绍兴、宁波,全长 528 千米。具体而言,浙江境内的江南运河包括古上塘河和崇昌港、明清时期的杭州塘和苏州塘、余杭塘河、清以后的京杭大运河、运河湖州的德清到平望的顿塘,全长 252 千米;浙东运河从钱塘江汇入江南运河,从杭州的西兴古镇开始,经过山阴故水路,进入绍兴,经过余运河和姚江,再经过四十里河和十八里河的复线,再到宁波,最后以甬江连接海上丝绸之路,全长 276 千米。由此,吕梦倩指出,大运河浙江段是当今世界文化遗产的重要组成部分,其沿线密集分布着诸多名都和古镇,同时,运河的保护与发展处于全国领先地位,而整个流域的生态建设也取得了明显的成绩①。耿敬北指出,大运河文化带浙江段的文化建设与保护工作反映了自然与人、与城市相互依存、和谐共生的生态观点,它在水利、水路、交通等方面具有清晰的功能,尤其是对城市的形象提高功不可没②,故而具有极为重要的研究意义和实践指导价值。浙江省文旅厅以"大运河"为重点,全面发掘与提炼了"大运河"的文化遗产与旅游资源,在融会整合其"物质""精神""语言"和"符号"等文化元素的基础上,积极开展节庆活动,打造并提升了品牌知名度,吸引了更多的旅游者前来打卡消费③,实现了经济效益与社会效益双丰收。

因此,大运河浙江段是一条流动的文化遗产,它融合了中国北部和南部地区的多元文化特点,在其几千年的发展历程中,形成了许多具有悠久历史和文化内涵的独特风貌。

(二)大运河文化带建设研究

悠悠华夏千古,脉脉文明永续。大运河文化带建设事关我国文化自觉、文化自信、文化自强,是破除西方话语霸权,构建中国话语体系,展示具有鲜

① 吕梦倩.大运河(浙江)文化带建设研究[J].中国工程咨询,2017(11):29-30.
② 耿敬北,陈子娟.大运河文化带宿迁段生态空间规划及建设研究[J].黄河水利职业技术学院学报,2023,35(1):51-54
③ 赵杭飞,黄慧.大运河(浙江段)文化带"语言景观"的三维透视研究[J].文化艺术研究,2022,15(6):55-67+114.

明中国特色的世界观、历史观、价值观的重要抓手。因此,该部分将大运河文化带建设分解开来,从建设目标、建设原则、建设内容、建设方法和建设路径五个方面逐一展开分析。

1. 建设目标

董玉海在关于大运河保护与申遗的文章中指出,大运河作为世界上开凿最早、最长的人工河道,自申遗成功后进入了新的发展阶段,在新阶段,政府是运河保护与申遗的第一责任人,要在积极保护大运河的基础上把有限的资金用在大运河建设的刀刃上,如水质治理,突出有价值的遗产亮点、特点等①。谢明辉等人在研究大运河特色文化建筑群时指出,大运河作为中国古代最重要的水利工程之一,其发展目标是通过文化建筑群展示其独有的历史和文化背景。在大运河特色文化建筑群的开发建设过程中,伴随着旅游业的快速发展,大运河特色文化建筑群的开发建设为中国文化遗产保护和旅游发展贡献了重要力量。而弘扬大运河的独特历史文化旨在吸引游客,促进文化传承,同时也为地方经济和旅游业的繁荣作出了积极贡献②。让我们将目光移向海外,海外各国纷纷通过管理运河实现运河文化带的建设与可持续发展,例如,《莱茵河行动计划》通过控制污染物质和实时监测水环境来实现运河水质管理,加拿大的里多运河将当地的文化与运河的文化相结合、将现代的人文艺术与人工水利事业相结合,法国米迪运河在国家和地区保护和发展之间进行了纵向管理。综上所述,现阶段大运河文化带的建设是以申遗成功为基础,在全新的发展阶段不断加强文化遗产保护并带动以旅游业为抓手的地方经济发展。

2. 建设原则

谢光前指出,如果把大运河文化带作为轴线,那它将与运河沿线的生态

---

① 董玉海.目标行动与责任——大运河保护与申遗的政府职能思考[J].民主,2009(6):9-11.

② 谢明辉,王长江,陈林峰.大运河特色文化建筑群质量管理体系建设与实践研究[J].城市建设理论研究,2024(1):198-200.

圈、生活圈、文化圈、经济圈相互交融,文化带建设不是固定的一个点,也不是静态的空间结构。它连接着过去、现在和未来,整合了数千年来的物态遗存、习俗观念和文化精神。就此而言,大运河文化带建设应秉持"尊重多样性、体现当代性、彰显创造性"的原则①。胡梦飞则以山东段为例,指出在大运河建设过程当中,应遵循真实性与完整性原则、协调发展原则、可持续发展原则以及可操作性原则②。吴丽云、蔡晟则指出,在大运河建设过程当中,伴随着我国国家公园文化建设进入实质性阶段,应坚持突出国家代表性、全民公益性和完整性三大原则③。贾兵强认为,大运河文化带作为世界文化遗产——中国大运河的重要组成部分,一定要合理开发利用其资源。因此,在建设过程当中要遵循可持续性发展原则、合理开发原则、市场导向原则以及特色发展原则④。于澜从文化自信视角对天津市大运河文化进行研究时指出,大运河文化建设要遵循"处理好保护和发展的关系","处理好历史与现实的关系","处理好共性与个性的关系"等基本原则⑤。

因此,在大运河文化带建设过程中要时刻尊重大运河文化的"原真性",在保护大运河文化"原真性"的基础上,始终遵循大运河文化建设的可持续性,合理开发并利用好地区特色,努力发展大运河文化的多元性、多样性与时代性。

3. 建设内容

王莉莉、顾尔笑就如何传承和创新传统文化,提出"五个突出"策略,分别为现代理念、传承创新、融合发展、保护优先与交流合作⑥。韩全林、曹东

---

① 谢光前,李道国.大运河文化带建设的立场、原则及其治理体系构建[J].江南大学学报(人文社会科学版),2018,17(5):116-120.

② 胡梦飞.山东省大运河国家文化公园建设路径与策略研究[J].华北水利水电大学学报(社会科学版),2021,37(6):24-29.

③ 吴丽云,蔡晟.国家文化公园建设应坚持三大原则[J].环境经济,2020(16):65-67.

④ 贾兵强.大运河文化带建设原则与路径选择[J].运河学研究,2018(2):196-206.

⑤ 于澜.大运河文化在天津市文化自信建设中的作用研究[D].河北工业大学,2019.

⑥ 王莉莉,顾尔笑.让大运河文化带建设绽放异彩——关于推进大运河文化带(淮安段)建设的建议[J].民主,2018(6):36-37.

平、游益华从水利立法的视角对大运河文化带进行了剖析,并在此基础上提出了水生态安全,强化空间管控,规范水工遗迹的管理①。姜师立对大运河文化带建设的意义、思路和途径进行了综合论述,提出了规划、推进、立法、学科、平台和政社联动等设想②,并从遗产保护、生态保护、治理策略、立法保护、多部门协同保护等层面进行了研究与探讨。陈爱蓓提出,应以法治推动江苏大运河文化带的发展,从总体上进行战略谋划,对相关的法律法规进行补充和完善,加大地方性的立法力度等③。易乐以大运河姑苏段为例指出,在现阶段的大运河文化段建设过程中,需要确立大运河文化资源保护原则,对接大运河文化建设的相关要求,完善物质空间活力承载,丰富行为层面的活力类型,例如,开放活动空间种类、开放空间多元活动人群以及增加互动体验等④。

综上所述,自大运河申遗成功后,在建设内容方面提出了诸多富有创造性和地域性的全新概念和阐释。例如,专家们从水利立法、传统创新、遗产保护、建筑等多个方面,为大运河文化带的发展提供了新的思路和内容。这些内容均以独特视角,助力大运河文化带的特色化建设与可持续发展。

4. 建设方法

张航以"共建、共治、共享"的社会治理方针为指导,研究了大运河文化带管理创新方面面临的困境、致因及影响因素,并提出了构建一个合作平台,并在此基础上构建一个以城市地理标志为界线的区域联动机制的网络型管理系统等的应对措施⑤。富耀南、应晓萍以无锡大运河文化带的建设为研究

---

① 韩全林,曹东平,游益华. 对大运河文化带建设的水利立法思考[J]. 中国水利,2019(4):9-12.

② 姜师立. 论运河文化带建设的意义构想与路径[J]. 中国名城,2017(10):92-96.

③ 陈爱蓓. 以高水平法治推进大运河文化带江苏段建设[J]. 群众,2019(3):30-31.

④ 易乐. 大运河文化带建设背景下城市滨水开放空间活力提升探究[D]. 苏州科技大学,2023.

⑤ 张航. "共建共治共享"视角下江苏省大运河文化带治理创新的困境与对策[J]. 南京邮电大学学报(社会科学版),2018,20(4):47-55.

重点,介绍了队伍建设、方案设计、保护利用、文化宣传等内容①。荀德麟对江苏运河文化遗产的可持续利用进行了再定义,提出了保护与利用、生态修复与旅游业"三位一体"发展的构想②。吴新燕、金华、倪依纯研究探讨了京杭运河江苏段的绿色发展战略,并提出了建设"高效经济走廊""美丽生态走廊"和"高品位文化走廊"的思路③。刘美子在探究江苏省大运河文化带建设时指出,现阶段大运河文化带建设采取了"加强一体化建设,加强规划间的协调,明确战略定位以及设计好空间布局"等诸多方法与措施④。王婧立足国际传播视角提出,在建设大运河文化带的过程中,要通过申遗成功加强国际传播效果,以达到消除中外文化屏障、传播运河民俗文化的目的,最终回归到使更多的人参与到大运河文化带建设当中,从而助推运河沿线城镇的协同发展⑤。

过往诸多学者对大运河文化带建设方法的研究体现出大运河文化带各分段均具有各自特色的建设方法。换言之,大运河各区段文化带的建设均会因生态环境等因素的不同,而采用适合本地发展特点又区别于其他地区的建设方法。总的来说,大运河文化带的建设方法会采取因地制宜、因时制宜的建设原则,以多样化的建设方案与方式,不断予以丰富与完善。另外,需要特别注意的是,现存文献当中缺少大运河文化带建设方法与民俗体育衔接的内容。因此,后续研究当中,我们应着重将民族体育文化元素融入大运河文化带建设方法中。

5. 建设路径

胡梦飞提到,在大运河发展过程当中,要做到"完善管理体制,健全法律

---

①　富耀南,应晓萍.重塑金色地标　再植文化的根与魂——无锡大运河文化带建设的路径策略探析[J].江南大学学报(人文社会科学版),2018,17(5):121-125.

②　荀德麟.江苏运河遗产的文化优势及其永续利用[J].江苏地方志,2019(1):17-20.

③　吴新燕,金华,倪依纯.京杭运河江苏段绿色开发对策[J].物流技术,2018,37(11):31-38.

④　刘美子.江苏省大运河文化带建设的问题与对策研究[D].苏州大学,2021.

⑤　王婧.国际传播视野中的大运河文化带建设——以世界运河历史文化城市合作组织为例[J].文化创新比较研究,2023,7(29):172-175.

法规,强化学术研究,加大遗产保护力度,打造旅游线路以及建立健全公共服务"等内容①。贾兵强运用历史学、文化学、地理学、考古学等多学科知识,得出了大运河文化带建设的发展路径,即要贯彻"保护为主、抢救第一、合理利用、加强管理、科学发展"的方针,并从理念创新、体制改革、发展模式、人才建设和宣传推介五个方面论述了大运河文化带的发展路径,旨在借鉴大运河文化传承创新的先进经验,从而促进大运河世界文化遗产的可持续发展②。随着大运河文化建设工作的逐步开展,于澜指出,在大运河文化建设路径探索方面要"构建大运河文化生态圈,打造文化建设的自然基础,建立高效的管理实施机制,提升文化自信建设的保障力度,打造多元特色文化产业,加快文化自信建设速度,加强大运河文化带区域合作,拓宽文化自信建设的视野"③。

实践证明,建设路径对任何决策的发展都会起到极为重要的引领作用。而现阶段的研究中,大运河文化带的建设路径主要涵盖保护与发展两点。具体来说,就是要在"保护与发展协调统一"这一概念指引下,从健全法律法规、打造旅游线路、建设多元特色文化产业等多角度、多方面助力大运河文化带的高质量发展。因此,在后续研究中,我们需要着力探寻大运河文化带更具创新性、更能与民俗体育相辅相成的建设路径。

(三) 大运河文化带价值研究

大运河文化带文化遗产众多,其中包括以京杭大运河为代表的运河文化遗产,以漕运文化、盐商文化为代表的商贸文化遗产,以闸坝、桥、古运河为代表的古建筑文化遗存,以马祖巡游为代表的形形色色的无形文化遗产等众多遗产类型。这不仅反映了运河文化遗产的多样性,也显示出它所蕴含的丰富的文化内涵和研究价值。

---

① 胡梦飞.山东省大运河国家文化公园建设路径与策略研究[J].华北水利水电大学学报(社会科学版),2021,37(6):24-29.

② 贾兵强.大运河文化带建设原则与路径选择[J].运河学研究,2018(2):196-206.

③ 于澜.大运河文化在天津市文化自信建设中的作用研究[D].河北工业大学,2022.

1.历史价值

文化遗产是历史的遗产,是人类在历史活动中的遗留物。文化遗产的这一特性决定了其首要价值是历史价值,即文化遗产要反映历史、证实历史、补全历史和传承历史[①]。京杭大运河就像一条活着的"遗产走廊",见证了许多城市的诞生、发展、繁荣和成熟。张春红指出,大运河具有十分丰富的历史和人文底蕴,既能定位城市个性、弘扬城市精神,又能为探索城市活力提供动力和源泉[②]。大运河弥补了天然河道的不足,实现了南北方的经济融合,大大促进了经济发展和民族团结。运河有着悠久的历史、丰富的自然遗产和文化遗产,蕴含了不同历史时期的治水经验和智慧,不仅空间跨度大,而且使用时间久,承载了伟大的中华文明。大运河的产生、发展、繁荣、衰落的文化价值研究,需要从历史背景出发。了解大运河背后的故事,能够加深现代人对运河开凿和修缮难度的理解,可以使人们深入地体会劳动人民的智慧和运河文化的魅力[③]。总体而言,历史价值是中华文化遗产最基本、最丰富和最有价值的一部分,它是大运河文化带永恒存在的一笔历史财富,在赓续中华文脉、弘扬中华传统文化等方面发挥着不可替代的作用。

2.艺术价值

京杭大运河是中国古代水陆交通的枢纽,它汇聚了东西南北方的经济、文化,造就了独具特色的水运文化,也催生出许多独具特色的艺术形态,展现了诸多艺术价值。京杭大运河贯通南北,幅员广阔,各地区人民都有自己独特的文化底蕴,造就了丰富多彩的民俗形态。以京津冀大运河为例,其民间文学内容十分丰富,例如,梁祝传说、宝塔镇河妖和开漕山歌等。每种民俗都能反映运河沿线的历史变化和社会情况,蕴含着丰富的文化底蕴。而诸多传

① 康敬亭.京杭大运河(无锡城区段)文化遗产构成与价值研究:兼谈无锡地区文化遗产保护与城市发展[D].山东大学,2014.

② 张春红.大运河文化带宿迁段文化资源调查与保护对策研究[J].才智,2023(5):144-146.

③ 王香漪.京杭大运河历史演变及文化价值探讨——评《京杭大运河历史与复兴》[J].人民黄河,2023,45(11):169.

说往往由多个小故事组成,语言生动有趣,富有乡土气息,深入百姓的心间,从而传唱千年,最终成为运河一带人民喜闻乐见的文学体裁。传统美术是大运河文化传承的又一重要载体,它以传统艺术的形态,寄托着人们对美好生活的憧憬。杨柳青木板年画是京杭大运河天津段的一种著名的传统艺术,它起源于明代万历时期,题材范围很广,内容丰富,构图丰满,大多表现了吉祥如意、年年有余等美好寓意。可以说,杨柳青木版年画是一种雕刻与绘画相结合的高超的艺术形式,其画面精致而细腻,人物形象逼真,色彩庄严,别具一格。作为大运河文化的另一种经典传承方式,传统戏剧是一种综合型的舞台表演艺术,它融合了诗歌和舞蹈等多种艺术形式,是古代劳动人民的一项重要休闲活动。沿运河有京剧、昆曲、杂剧、柳子戏、绍剧等众多剧种,丰富了人们的业余文化生活,提高了人们的艺术品味。

3. 科学价值

文化遗产是有科学价值的。之所以如此说,是因为文化遗产的形成,大多是前人利用其所掌握的科学技术知识进行创新或生产的成果,是当时社会生产力状况、科学技术水平和人民的创造力的直接或间接的体现。从北到南长1700余千米的京杭大运河,不仅是我国古代运河建设的一个奇迹,还显示出我国古代水利、水运等方面的领先水平,故而可以说是一项极具学术价值与研究意义的重大课题。作为世界历史上最早集航运、灌溉、防洪功能于一体的人工开凿的运河之一,中国大运河从古至今一直发挥着重要的作用。它以世所罕见的时间维度与空间尺度,实现了在广大国土范围内南北资源和物产的大跨度调配,推动了农业文明时期人工运河的飞速发展,取得了工业革命前土木工程和水利水运工程的杰出成就,是世界古代科学文明的一个重要样本[①]。例如,古运河无锡段在无锡古城内形成"一箭九河"的城市形态,沿江而行是城市规划和水利建设的杰出科学技术成果,值得深入研究。大运河文化带文化遗产的科学价值还体现在精湛的园林设计技巧、对自然生态环境

---

① 黄杰. 建设大运河文化带的历史价值、时代意义与可借鉴的国际经验[J]. 档案与建设,2019,2(2):67-70.

的科学认识、先进的水利技术、精湛的建筑工艺之中。这对当下的水利科学、建筑科学以及园林设计等多学科的研究,均具有学习、模仿与借鉴的实践意义和参考价值。

4. 精神价值

文化遗产所具有的精神价值主要表现为:文化遗产所蕴含的民族精神;文化遗产所反映的是一种信仰;文化遗产所具有的精神价值通常并不是外在的,而是隐含在其历史、艺术和科学等方面的内在价值。因此,唯有对其进行深入挖掘与探究,才是认知和深入理解其丰富内涵与内在实质的必由之路。大运河文化展示了不同的人生哲学与生命智慧,推动了新一代年轻人的思想发展,同时,大运河文化也充满了中华民族积极向上、奋发有为的精神特质,对人们的生产、生活和工作均产生了深远的影响。大运河文化带文化遗产的精神价值是多方面的。首先,大运河文化带体现了中国的文明传承和历史记忆。大运河的兴建和运用历经了几千年的时间,见证了中国古代政治、经济、文化的繁荣和发展,记录了中国古代社会的发展轨迹,体现了中华民族的创造力和智慧。其次,大运河文化带体现了中国人民的勤劳勇敢和团结互助精神。在大运河沿线,人们用辛勤劳动和无穷智慧开凿河道、修筑堤坝、建造船只,使得大运河成为中国古代最重要的交通枢纽之一。最后,大运河文化带还体现了中国人民对于自然和环境的尊重和保护。这种尊重自然、和谐共生的精神不仅是中国古代的智慧结晶,也在中国文化中占据着重要地位。毫不夸张地说,京杭大运河的精神价值是千百年来人民辛勤劳动和智慧积淀而成的。时至当下,大运河的精神价值激励着越来越多的年轻人加入到保护大运河文化的行列中来,成为美丽的运河守护者,并以多种形式和样式赓续着大运河的深沉文脉,展现着大运河的美丽风光。

二、民俗体育的相关研究

(一)民俗体育的分类研究

民俗民间体育是我国现代体育运动的重要组成部分。民俗民间特色鲜明,形式多样,有着深厚的群众文化底蕴。在全球一体化的大背景下,民俗体育活动受到国内外各种不利因素的影响,渐趋衰微。由于地域习俗、宗教信仰及生活方式的差异,各地民间体育活动各具特色,从内容到形式都呈现出多元化。本研究对民俗体育的开展方式进行分类阐释,将其大致分为力量对抗类民俗体育、技巧类民俗体育和游戏类民俗体育三类。

1. 力量对抗类民俗体育

力量对抗性的民俗体育主要有摔跤、拔河、顶牛、压胛、趔轿子等,其中最著名的是陕西趔轿子。趔轿子是陕西省周至县一年一度的抬轿赛,始于商周,迄今已有上千年的历史,可谓历史悠久。该项目的比赛形式有单挑对抗赛、双人对抗赛或者是四人对抗赛。比赛开始,参赛双方互相抓住对方的腰部位置,用双腿和对方比拼力量,身体可以前后摇晃,在力量对抗的过程中,快速地发力与卸力,只要将对方推倒在地,即为胜利。拔河是广泛流传于少数民族地区的体育文化活动,在激烈对抗中体现出团结协作的团队精神。该项目在发展和传承过程中,曾起到促进少数民族大融合和稳定发展的重要作用。由于民间体育活动中拔河参赛人员的民族不限,一年一度的传统民俗体育拔河盛会开始时,各少数民族的参赛选手齐聚一堂,各显身手。在有些少数民族地区,比赛开始前,人们还会举办盛大的祭祀活动,以此来表达对社会、丰收、上天的一种期望,从而形成强烈的民族凝聚力和民族自豪感[①]。

2. 技巧类民俗体育

技巧类的民俗体育主要有荡秋千、抖空竹、放风筝、打花棍、赛龙舟、舞龙

---

① 韩帅帅.中国民俗体育拔河运动的竞技化和当代价值研究[D].山西大学,2018.

等,这些项目对技巧的要求较高。譬如,风筝发源于东周春秋时期,相传墨翟用木头制成木鸟被看作是风筝起源,后来鲁班用竹子加以改进,东汉期间民间开始以纸作风筝,南北朝时风筝成为传递信息的工具,宋代放风筝成为民间流行的户外活动,流传至今。在开阔的场地,凭借风力将风筝迅速地推到天空,从而达到飘浮的目的。龙舟比赛是一项具有悠久历史的民间传统水上运动,因其富蕴忠贞爱国、居安思危,同舟共济、勇往直前,强身健体、不屈不挠等文化内涵,深受民众喜爱。探源龙舟赛的兴盛,最早是在春秋战国时期的吴国,即当今的苏州就已成习俗,是吴地民俗体育文化的重要载体①。"龙"在中国是一种传统的图腾,是中华民族的精神象征,是广大民众的精神信念与心灵归宿。在过去的数千年中,舞龙运动已经成为我国最具代表性的民俗活动,它象征着吉祥如意,如今舞龙也是我国全民健身计划的重要组成项目②。

3. 游戏类民俗体育

游戏类的民俗体育主要有荡秋千、抓子儿、跳绳、打宝、滚铁环、老鹰捉小鸡、跳皮筋、捉迷藏、丢沙包、打手背等。荡秋千在我国有着悠久的历史,最初是采摘野果或捕猎求生的生存技能。据史书记载,"秋千,北方山戎之戏,以习轻矫者。齐桓公伐山戎,此戏始传入中国"③。据此认为,秋千起源于春秋时期一个叫山戎的北方少数民族,并渐趋发展成为一种集运动与娱乐于一体的民俗体育活动。打弹弓原本是古人捕猎的一种手段,后来逐渐被用作快速偷袭的暗器,以便获取出其不意的制胜效果。扔沙包属于一种激烈的民俗体育项目,有着很强的娱乐性和健身价值。投沙包时,攻方(投沙包者)必须做出准确判断,以便快速、准确地用力将沙包抛到防守方(接沙包者)的身上,而防守的一方则需要具备一定的抵抗和判断力,防守的过程中,必须要有快

① 郝凌飞.苏州民俗体育文化研究[D].苏州大学,2016.

② 宣炳善.浙江舞龙类非遗项目的社区品牌与诗路文化带建设[J].非物质文化遗产研究集刊,2022:52-74.

③ 白晋湘.民族民间体育(第二版)[M].北京:高等教育出版社,2022:109-110.

速闪避、跳跃和移动的动作。扔沙包由于动作简单且能够很好地调动参赛人员的情绪,因此在民间拥有广泛的群众基础。毫无疑问,扔沙包、跳绳、跳皮筋等游戏类民俗体育活动与体育教学相结合,不仅可以激发学生锻炼的兴趣,而且能够推动学校体育教学改革,进而增强学生的体质健康水平。有鉴于此,跳绳、跳皮筋、扔沙包等游戏类民俗体育活动值得在我国各级各类学校大面积推广与普及。

(二)民俗体育的特征研究

民俗体育传承久远,在不同的历史时期、不同的生态环境下往往呈现出不同的时代特征,本部分将从民俗体育的传承性、地域性、娱乐性等几个方面展开分析。

1. 民俗体育具有传承性

民俗体育的传承性,指的是其文化形式(无论是物质文化还是制度、精神文化)在时间维度上的不断传承和延续,即其历时的纵向延续。也可以说,民俗体育的传承是由不同阶段和内容组成的连续统一体[①]。张紫晨认为,传承性是民俗体育发展过程中显示出的具有运动规律性的特征[②]。盛昌繁在《我国民俗体育的特征及其开发研究》一文中指出,民俗体育是在继承中得到发展和壮大的体育活动,就其具有的继承性而言,主要是指民俗体育在时间上传衍的连续性,即历时的纵向连续性,它在时间上是可以世代延续的一种社会文化[③]。王琳在研究晋中民俗体育特征时,发现晋中人参与民俗体育都是全家出动,当地民俗体育的传承沿袭传统的父传子、子传孙的传承方式[④]。袁筱平通过对陇南民俗体育活动的调查,发现陇南民俗体育多以"师徒"形式传承。它的传承性并不是乏味的"说教",而是通过多种多样的

① 詹祥粉.民俗体育概念及其特征探析[J].搏击(武术科学),2013,10(12):99-101.

② 张紫晨.中国民俗与中国民俗学[M].杭州:浙江人民出版社,1985.

③ 盛昌繁,潘华.我国民俗体育的特征及其开发研究.西南师范大学学报(自然科学版),2009(3):114-128.

④ 王琳.晋中民俗体育特征及其发展途径研究[J].体育文化导刊,2011(6):117-119.

表演形式来进行文化的传承、信仰的传播、内容的传递以及人们对美好生活的共同向往和追求①。陈丽娟等认为,传承性是民俗文化得以交流与传承至今的重要特征,主要体现在时间轴线上的延续性,民俗文化通过一代又一代人的传承,延续至今②。

综上所述,国内一部分学者认为,民俗体育的传承性是民俗体育的本质特征,是符合事物运动发展的规律的;其他一部分学者认为,民俗体育的传承性主要体现在民俗体育的传承方式与传承模式上。但对于民俗体育继承的创新方面,国内研究几乎未有涉及。

2. 民俗体育具有地域性

民俗体育的地域性也可以叫地理特征或者乡土特征,是民俗体育在空间上所显示出来的特征③。涂传飞对民俗体育特征阐释最翔实,他从民俗体育的内在结构与外在结构两个方面进行了剖析,认为竞技性、依附性、民族差异性以及娱乐性是民俗体育的内部特征,而外部特征主要从观赏性、历史性和地域性几个方面表现出来④。官钟威对民俗体育的特征进行了分析,他认为民俗体育具有区域民族性、民间规约性、继承变异性和广泛的普及性等特征⑤。张同宽以舟山群岛的民俗体育为研究对象,对其主要特征进行分析和研究,提出海洋民俗体育的地域性是非常明显的⑥。卢玉、陶丽通对许村的大刀舞民俗体育进行研究,发现许村大刀舞体现出表演器械的地域性特征。许宝平等提出"十里不同风,百里不同俗"是民俗体育地域性特征的真实写

① 袁筱平,许宝平.陇南民俗体育特征及发展对策研究[J].兰州文理学院学报(自然科学版),2014,28(4):82-84.

② 陈丽娟,杨魁,王宏伟."非遗"视阈下陇右地区民俗体育文化特征与发展研究——以武山旋鼓舞为例[J].武术研究,2022,7(6):84-86.

③ 徐福振.民俗体育的特点以及功能探究[J].安徽体育科技,2010,31(6):7-9.

④ 涂传飞,余万予.对民俗体育特征的研究[J].武汉体育学院学报,2005(8):24-51.

⑤ 官钟威,李红梅.论民俗体育文化[J].体育科技文献通报,2006(7):83.

⑥ 张同宽.海岛渔村原生态海洋民俗体育特征研究——以舟山群岛为例[J].成都体育学院学报,2011,37(5):38-41.

照,陇南的民俗体育与陇南的政治、经济和文化等紧密相连①。权振国在对延边朝鲜族民俗体育活动进行研究时发现,民俗体育的区域性和民族性是紧密相连的,由于民俗体育文化是地域文化的构成要素之一,因此,民俗体育也因地域文化的差异而有所不同②。张华江、王晓东在《汉水流域民俗体育的文化特征及社会功能》一文中阐述了汉水流域是中国古代文明的发祥地之一。独特的地理历史环境使汉水流域民俗体育呈现出多地域文化交融、多时空文化重叠、多民族文化交融的文化特征③。王宏伟认为,不同地区由于自然环境和社会文化环境的不同,一个地区的文化往往带有浓厚的地域特征。这种地域的差异性,即同其他地区相区别的显性文化特征,也是孕育一个地区相关文化个性的重要缘由,民俗体育的地域性与生态环境、物质生产紧密相连。孙滔以武夷山枫坡村拔烛桥活动为例,对村落民俗体育的文化特征进行探究,提出村落民俗体育是特定地域下社会、经济、生活在特定群体中产生并发展演变的传统体育文化,反映了当地村落的生活方式与精神世界,充满着地方特色④。

综上所述,民俗体育的地域性是民俗体育最明显的外部特征。国内学者在研究民俗体育的地域性时,将当地的民俗体育与当地的经济、政治、文化相结合,突出鲜明的民族和地方特色,这有助于我们更好地了解民俗体育地域性的独特之处。

3. 民俗体育具有娱乐性

高丙中在《民俗文化和民俗生活》一书中认为,民间体育具有文化团块性、天人合一性、区域民族性、心意情感性、表演趣味性和民间规约性等文化

① 袁筱平,许宝平.陇南民俗体育特征及发展对策研究[J].兰州文理学院学报,2014,28(4):82-84.

② 权振国.新农村建设背景下延边朝鲜族民俗体育文化发展研究[D].延边大学,2014.

③ 张华江,王晓东.汉水流域民俗体育的文化特征及社会功能[J].广州体育学报,2015,35(2):20-22+32.

④ 孙滔,沈伟,孙荣艾.乡村振兴视阈下村落民俗体育文化的当代价值研究——以武夷山枫坡村拔烛桥为例[J].辽宁体育科技,2023,45(3):66-71.

特性①。陈莉还在《关于民间体育文化的特点和现实的作用》一书中写道,民间体育的特点是地域和民族传统性,表演和文化群众性,内容的广泛性和形式的多样性,娱乐性和趣味性,简单的健身性等②。汪蓉在《我国民俗体育的特征及其传承研究》一文中提出"人们在民俗体育活动中自由抒发情感,发掘潜在的心理能量,增强对生活的信心,享受生活的乐趣"③。黄永良、傅纪良等学者通过实地考察舟山海岛的民俗体育,发现海岛民俗体育也具有健身性、娱乐性、竞争性、生产性等文化特征④。王若光在《我国民俗体育功能的现代化演进》一文中写道,现代化以来,民俗体育的很多功能随着现代化社会的变化而得到自然演进,娱乐功能"从含蓄走向标榜"⑤。权振国认为,生产力水平足够高而且能够满足民众的基本生存需求时,民众有额外的时间和精力从事民俗体育活动时,它的观赏性与娱乐性的特点便得到强化和发展。郁俊在《试论民间传统体育与农村全民健身》一文中指出,通过实地调查、访谈民间传统体育在全民健身中的应用情况,可以获知民俗体育的娱乐功能在农村文体项目中得到了很好的体现⑥。杨魁和王宏伟则认为,民俗体育的一个重要特征在于其表演性,在表演过程中,集娱乐消遣与艺术于一体,因而受到观众的喜爱与参与。陈嵩通过研究赣南少数民族民俗体育活动,指出"娱乐性是民俗体育最鲜明的特性"。在赣南乃至全国,大部分民俗体育活动能够使参与者和观看者身心得以愉悦,情绪得到释放,身体得到锻炼,情感得到

①　高丙中.民俗文化与民俗生活[M].北京:中国社会科学出版社,1994:2.

②　陈莉.试论民间民俗体育文化特征与现实作用[J].吉林体育学院学报,2006(3):5-7.

③　汪蓉.我国民俗体育的特征及其传承研究[J].时代文学(下半月),2008(3):131.

④　黄永良,傅纪良.海岛民间民俗体育特征的研究[J].北京体育大学学报,2010,33(7):39-42.

⑤　王若光,刘旻航.我国民俗体育功能的现代化演进[J].武汉体育学院学报,2011,45(10):24-28.

⑥　郁俊,王小娟,刘军.试论民间传统体育与农村全民健身[J].体育文化导刊,2015(9):58-62.

交流①。

综上所述,国内学者对于民俗体育的娱乐性研究大多是从大众文化角度进行探讨的,他们将民俗体育与当地的大众娱乐活动相结合,将民俗体育的娱乐性更好地体现出来,并且民俗体育的娱乐性不仅局限于某个地区而言,而是面向全国的民俗体育活动。

(三)民俗体育的多元价值研究

1.价值的概念界定

民俗体育的价值研究既是当下民俗体育研究的热点问题,也是开展民俗体育文化特质研究的基础。对"民俗体育的价值"进行定义首先要认清"价值"。何为"价值"?"价值"的定义又是什么?哈特曼认为,价值是一种独立实存的东西,是一种实体②。刘易斯将价值概括为"事物显现的性质"③。学者李连科否定了以上两种价值学说,他认为价值既不是实体,也不是事物的性质,而是主客体需要之间的特定(肯定与否定)的关系④。斯宾诺莎则指出,价值只是人们习惯于将同种或同类事物进行比较后形成的概念⑤。兰久富认为,下定义并非只有指出所指物这一种办法,只要明确了词语所表达的意思,也就完成了下定义的任务。随后,他从语义的角度出发,给出了"价值"的定义:"价值"是评价用语,在评价为人所使用的事物时其含义是"有用",在评价为人所追求或避免的事物时,其含义是"好坏",在评价包括人在内的一切与人相关的事物时,其含义是"重要"⑥。

---

①　陈嵩.赣南少数民族特色村寨民俗体育文化特征及形成机制研究[J].当代体育科技,2023,13(4):103-106.

②　冯平主编.现代西方价值哲学经典·先验主义路向[M].北京:北京师范大学出版社,2009:704.

③　李国山.刘易斯文选[M].北京:社会科学文献出版社,2007:310.

④　李连科.世界的意义——价值论[M].北京:人民出版社,1985:55.

⑤　斯宾诺莎.伦理学[M].贺麟,译.北京:商务印书馆,1983:169.

⑥　兰久富.能否定义价值概念[J].当代中国价值观研究,2018,3(4):20-32.

综上所述,哈德曼和刘易斯认为,价值独立于主体之外,是事物自身的属性。李连科、斯宾诺莎和兰久富则认为,价值不可脱离于主体而单独存在;兰久富进一步将这个主体限定为人。对于民俗体育这一社会活动来说,参与民俗体育活动的活动主体必定为"人",故而需要遵循"以人为本"的原则,那么民俗体育的价值也必将体现在对人的影响上。一方面,社区居民通过参加民俗体育直接获得身体、精神、情感上的价值需求。另一方面,民俗体育的开展推动了当地文化与旅游产业的发展,增加了社会收入,带动生产就业,推进了乡村振兴和体育强国建设进程,为城乡社区带来良好经济效益,丰富了居民的物质生活,满足了人的生存需求。

2. 整体视角下民俗体育的价值研究

关于民俗体育的价值研究,众多学者从不同的角度进行了分析和探讨。部分学者从民俗体育的发展规律出发,探索民俗体育的当代价值。例如,刘旻航、李储涛、赵壮壮对民俗体育文化价值的演进规律进行研究,分别对民俗体育价值的普遍性和特殊性进行分析,指出这两者共同构成了民俗体育演进的根本动力;同时又从民俗体育的价值构造层面指出民俗体育文化的演进模式必定不会唯一,并详细阐述了主线复合式(鱼骨式)和价值对流式两种主要模式[①]。孟庆宁认为,民俗体育之所以能代代相传,与其竞技性、娱乐性不无关系,它既能满足人们健身祛病的需要,又能使参与活动的人的意志力得到增强[②]。刘旻航、孙玲从民俗体育的运动也就是民俗体育的变化出发对民俗体育的生命价值进行解析,认为在历史因素和认识水平的限制下,部分学者对民俗体育的本原价值的理解不够深入,往往导致对民俗体育的把握出现偏差,如今民俗体育出现的"新特征(价值)"是一直就存在的,所谓的"新"也

---

① 刘旻航,李储涛,赵壮壮.民俗体育文化价值演进规律研究[J].体育科学,2012,32(6):85-89.

② 孟庆宁.民俗体育的当代价值[J].山西高等学校社会科学学报,2006,18(11):134-135.

只是人们在实践中不断认识和深化的产物①。崔涛将民俗体育与乡村振兴联系到一起，他认为民俗体育是加强乡村建设的重要抓手，深耕民俗体育资源的发掘、整理，有助于激发乡村振兴文化动力，民俗体育相关产业的发展则有助于焕发乡村振兴的产业动能，从文化和经济两方面共同满足乡村振兴战略的需求，实现乡村农民物质生活、精神生活双富裕②。

3.单一视角下民俗体育的价值研究

相较于整体层面的研究，也有部分学者从某一民俗体育项目或某一地区民俗体育视角出发，对民俗体育的价值进行研究。例如，周传志从宗族社会视角对闽台地区民俗体育的作用和价值进行研究，得出闽台民俗体育具有宗教祭祀、族别认同、文化内聚和维持社会稳定等功能。除此之外，现代的闽台民俗体育还有传承传统文化、带动经济发展、促进身体健康和教育青少年的重要价值③。卢玉、陶丽选取徽州地区许村大刀舞对民俗体育进行个案研究，从文化传承价值、历史文化价值、文化开发价值、文化教育价值四个方面进行论述，指出对许村大刀舞进行文化解读将对社会主义新农村建设和推进全民健身发挥重要作用④。吴灵萍、方利山、蒋国强等对徽州叶村叠罗汉研究后发现，叠罗汉蕴含着丰富的文化价值，表演者在练习、演出过程中，不仅身体素质得到全面发展，形体也得到一定改善；观众的认同和赞扬一定程度上增加了表演者的成就感和幸福感；叠罗汉表演中要求大家通力合作，这种团结合作的精神在无形中化解了村民日常生活中产生的小矛盾，增进了

① 刘旻航,孙玲.民俗体育的存在——生命价值解析[J].山东体育学院学报,2010,26(12):1-5.

② 崔涛.民俗体育助推乡村振兴价值审视与实施路径[J].体育文化导刊,2021(12):58-65.

③ 周传志,陈俊钦.宗族社会视角下的闽台民俗体育历史作用与现代价值[J].武汉体育学院学报,2013,47(7):12-15.

④ 卢玉,陶丽.许村大刀舞的文化特征及其价值——一项民俗体育的田野考察与文化学解读[J].成都体育学院学报,2012,38(11):79-83.

感情①。

综上所述,在整体项目视角下的民俗体育和单一项目视角下的民俗体育具有相似的价值取向。在经济方面,民俗体育作为集体活动,能够推动当地经济发展。譬如举办传统民俗体育活动,如传统马术、赛龙舟或篝火晚会等,可以吸引游客前来参与和观赏,从而推动当地旅游业的发展,带动地方经济的繁荣。同时,这些活动也会带动相关产业的发展,如民俗手工艺品、民俗美食等产业的生产和销售,为当地居民提供更多就业机会,推动当地经济的多元发展。由此可见,民俗体育在助力乡村振兴、发展体育产业和旅游业等方面发挥着极为重要的作用。在文化方面,民俗体育促进了文化的传承和交流。这些传统体育活动作为文化遗产的一部分,可以通过举办比赛、演出和庆祝活动,使当地居民和游客更加深入地了解和体验当地的文化传统。同时,这些活动也为不同地域、不同文化背景的人们提供了交流和交融的平台,促进了文化的多样性发展与融合。在健身方面,不论什么类型的民俗体育,都在促进人们的身心健康方面发挥着重要作用。在进行传统体育活动的过程中,参与者通过练习和比赛,锻炼了身体,增强了体质,培养了团结合作的精神和坚韧不拔的品质。在情感方面,民俗体育促进社区凝聚和社会融合,人们通过集体参与互动,增进了族群、人际间的情感交流和沟通,加强了相互间的了解和友谊。这些活动激发了参与者的归属感,使人们更加热爱自己的家乡和文化传统,也促进了社会的和谐团结。总的来说,无论是整体项目视角还是单一项目视角下的民俗体育,都在经济、文化、健康和情感方面发挥着重要作用,体现出独到的价值。这些传统体育活动既满足了人们的娱乐需求,又促进了社会的发展和谐。因此,保护和传承民俗体育文化,对于维护社会的稳定与繁荣具有极其重要的意义。

---

① 吴灵萍,方利山.徽州民俗体育项目"叶村叠罗汉"的特征与价值[J].北京体育大学学报,2011,34(2):41-44.

（四）民俗体育的表现形式研究

我国幅员辽阔,民族众多,各民族"大杂居、小聚居"的习性使各地的民俗体育呈现出多元化发展的态势。我国南方各民族生活的区域以集体性民俗体育项目为主,北方民族生活区域则以个体化的民俗体育项目为主,这种民俗体育多样性体现在体育活动的表现形式上。

1.北方地区民俗体育的表现形式

在我国北方,那达慕大会是北方草原游牧民族的象征性活动,是蒙古先民向"天父、地母"表达崇敬、尊敬和感激,同时也是一种祈祷,祈祷风调雨顺、草原繁茂、人畜平安①。每年一次的内蒙古那达慕大会上以男子三项竞技和那达慕歌舞民俗体育为主,其中摔跤、射箭和马术属于"草原三绝"项目②。那达慕的传统民俗体育项目中,摔跤、射箭和赛马这三项男子竞技项目必不可少。它们具有鲜明的民族风格和独特的地域特色,强调游牧民族所追求的更高、更雄厚的力量和更快的速度,彰显出草原英雄主义的人文精神。草原人民用身体语言所表现出来的雄性气概,代表着一种势不可当的气势。这些内容丰富的民俗体育项目不仅在民间广为流传,也成为国家非物质文化遗产名录中的重要组成部分。再如社火,作为陕西地区最具代表性的民俗体育活动,是以陕西秦腔戏曲为基础,运用秦腔戏服作为器材,以历史剧情和小说为背景题材呈现出的一种民间艺术形式③。社火有马鼓祭祀、车鼓祭祀、背亭祭祀、高跷祭祀、地鼓祭祀等多种祭祀形式,一般在农闲的时候以及春节期间进行。近年来,社火已经发展成为一种具有浓厚地域特色的体育文化,深受广大群众的喜爱。因此,社火也成了农村居民过年时休闲、健身的重要

---

① 白永正.文化视域下我国民族传统体育发展的文化走向[J].北京体育大学学报,2016,39(4):34-38.

② 任鹏,赵岷.蒙古族那达慕大会中体育竞赛项目研究[J].武术研究,2023,8(2):85-88.

③ 王晶,王冬冬.社火民俗体育历史源流及其传承研究[J].湖北体育科技,2017,36(5):408-410.

娱乐方式。

2.南方地区的民俗体育表现形式

在广东、广西和福建沿海地区,龙舟比赛备受人们青睐。每年农历五月初五前后,各地都要举行盛大的赛龙舟仪式。在中国的端午习俗中,划龙舟是一项很重要的民俗活动。龙舟运动起源于原始先民的劳动生产生活,历经数千年发展传承而逐渐形成独特的民俗文化形式,具备深厚的精神内涵。在南方地区,龙舟民俗是一种以丰富的水生态环境为依托、以龙图腾为底蕴、承载着千年文化基因的文化现象。随着人民群众生活水平不断提高,精神需求日益增强,越来越多的人开始重视龙舟运动,主动参与到龙舟运动中来,龙舟文化逐渐成为一种时尚流行的运动休闲文化。龙舟赛现在已经成为一项规模庞大的体育赛事,并且成立了相应的龙舟协会。除划龙舟外,龙狮运动在南方地区也格外盛行。狮舞表演时,通常由2至3名表演者呈现,龙舞则有10余名表演者参加。狮子分为南狮和北狮两种,龙则包括火龙、草龙、布龙、纸龙、板凳龙、扁担龙等多种形态①。随着时代的变迁、社会经济的进步以及人民生活水平的提高,龙狮运动作为一项新兴的体育运动,越来越受到大众的喜爱和关注,并被纳入国家级非物质文化遗产名录。中国龙狮协会于2010年正式成立,随后颁布的《中国舞龙竞赛规则》为龙狮运动确立了标准化的比赛流程。除此之外,长江流域还拥有大量以龙为载体的体育活动。除赛龙舟活动,南方地区还有一些与茶有关的民俗体育。例如,江西赣南的采茶舞起源于传统的采茶节,表现出采茶者在采摘时的优美姿态,具有极高的观赏价值。由于赣南地区独特的地理人文环境,采茶舞逐渐流传开来,并融入当地的民间日常生活之中。采茶女从采茶的劳动过程中汲取灵感,通过对肢体动作的提炼和表达,创造出了一种独具特色的赣南地区采茶舞蹈。采茶舞蹈不仅展示了地方文化的独特之处,也成为体现当地人民对生活和劳动之美的一种表现方式。如今这项舞蹈已经演变为一种融合了舞蹈和体育元素

---

① 龙宋军,孙葆丽.民俗体育的外部环境与内在动因分析:以湘中"朱家舞狮"为例[J].体育文化导刊,2017(12):59-63.

的民俗体育项目①。在我国其他地区的民俗体育项目,如东南沿海地区的舞龙舞狮、江苏和浙江地区的调马灯和高跷、陕西的腰鼓、云南的泼水节、广西土家族的摆手舞以及侗族的鞭炮等,都扎根于各民族丰富多彩的民族文化传统中,成为中华文化的重要组成部分。

(五)民俗体育发展的现状研究

1.民俗体育活动开展研究

陈庭香、闫萍从铜陵市民俗体育参与人群、参与时间、参与项目、传播途径、认知评价等角度对民俗体育开展现状进行分析,调查发现,民俗体育参与者女性多于男性且多为中老年人,参与时间也较长,仅参与时间在 10 年以上者,就占了参与总人数(N = 1086)的 34%,其中舞龙舞狮、龙灯、竹马灯等项目深受民众喜爱②。黄旭佳对丰顺县浦寨火龙的现状进行调研后发现,传统浦寨火龙的表演时间为每年元宵节晚上七点之前,表演者为以张自进为代表的张氏宗族,其中以男性为主,青壮年多负责演出,老年人多数负责制作演出道具③。从浦寨火龙的传承可以看出,浦寨火龙的传承极为重视宗族关系,父子传承、宗族传承是最主要的传承方式。在道具制作上,浦寨火龙融入了现代的制作技艺,无论是制作材料,还是制作工艺都有很大进步,尤其是用现代的烟花和火药所完成的烟火表演,在安全性和环保性上得到极大保障。

从以上民俗体育开展现状来看,不同地区民俗体育展现出较大差别,以上两个案例中,铜陵市民俗体育活动已经成为市民茶余饭后放松身心的消遣节目,民俗体育与市民日常生活已经融合到一起,传播方式为市民间的帮扶传承,任何感兴趣的市民都可以自发去学习。丰顺县浦寨火龙的表演受制

---

① 刘小明.茶文化融入民俗体育文化价值研究[J].福建茶叶,2017,39(4):235-236.

② 陈庭香,闫萍.铜陵市民俗体育现状与发展研究[J].商丘师范学院学报,2020,36(9):82-84.

③ 黄旭佳.民俗体育活动在丰顺县的现状研究——以"浦寨火龙"为例[J].当代体育科技,2021,11(8):181-184.

作、经费、安全等因素的影响,在一年中开展的次数较少,但表演规格极为宏大,传承方式仍为宗族式传承。由此可见,当前的民俗体育传承已经演化出两种截然不同的传承途径,孰优孰劣仍待时间去检验。

2.民俗体育现存问题研究

张登峰在对空竹文化进行研究时发现,抖空竹虽在 2006 年成功入围我国首批国家级非物质文化遗产名录,但在民俗体育渐趋式微的情况下,空竹文化出现了文化空间缺失、家族传承困难、研究成果奇缺、空竹商品濒亡等问题[①]。王逸冰、胡广顺对沂蒙山地区的民俗体育的现状开展实地考察后发现,边远地区由于经济发展失衡,青年人口向城市流入逐年增加,民俗体育传承在这种情况下陷入青黄不接的境地;现代社会日新月异的思想更新对民俗体育带来的冲击无法忽视;在交通闭塞、信息滞后的山区,现代媒体传播途径单一,影响范围较小[②]。陈嵩发现在赣南少数民族特色村寨中民俗体育的内部市场逐渐消失,村民对足球、篮球等赛事的关注明显高于传统民俗体育活动,客家民俗体育的文化内涵也逐渐消失,民俗体育逐渐转变为一种为供游客欣赏而专门安排的表演形式和获取商业利润的经营模式。机械化和毫无温度的表演完全背离了客家民俗体育文化的本质,不能不说这是对文化的蔑视[③]。近年来,各级政府积极致力于民俗体育及其文化的保护和利用,民俗体育式微的局面有所缓解,然而政策和程序缺乏一致性和连续性,部门与部门之间缺乏沟通与交流,行政部门之间职能混乱制约了民俗体育进一步的保护性利用[④]。在广袤的农村地区,随着经济发展水平的提高,农民的物质需求获得一定程度上的满足,他们对精神生活的追求正在提高。值得注意的

①　张登峰.空竹的体育文化价值[J].体育文化导刊,2008(11):43-44.

②　王逸冰,胡广顺.沂蒙山地区民俗体育发展现状与问题浅析[J].当代体育科技,2021,11(17):176-178.

③　陈嵩.乡村振兴背景下赣南少数民族特色村寨民俗体育文化传播现状及对策[J].当代体育科技,2022,12(33):113-116.

④　He Pingxiang,Zheng Guohua,Gong Zhengwe. Survival of Folk Sports - Related Cultural Heritage in China[J]. The International Journal of the History of Sport,2021,37(12).

是,精神生活的富足仍然不是他们追求的"第一序列",赚钱谋生依然是大部分农民的主要目标。农村与城市的资源差异导致外出务工的人口逐年增加,农村青年、中年、老年人口比例失调,活跃于乡村的民俗体育不免蒙上一层老龄化的"阴影"。另外,民俗体育的"过度商业化(实质为资本化)"在一定程度上增加了游客对民俗文化的了解,但就可持续发展来看,过度的商业化推广将会以消耗民俗体育文化内涵为"燃料",这种"竭泽而渔"式的发展模式无疑给民俗体育的可持续发展带来极大破坏。

3. 民俗体育未来展望研究

李元慧运用 Citespace 软件对中国知网期刊数据库中 1991—2020 年与民俗体育相关的期刊进行可视化分析,发现我国关于民俗体育的研究具有明显的政策导向性,研究发文量整体呈现上升的趋势,但不同学者与团体之间并未形成紧密的合作关系。李元慧推测未来民俗体育在乡村治理中的作用、数字赋能对民俗体育发展的影响和民俗体育的跨界研究将成为新的发展趋势[①]。李先长、涂传飞、严伟指出,仅从单角度对民俗体育进行理论解读远远不够,今后多学科的综合性研究将是民俗体育研究的新视角和新趋势[②]。国辉、李凌晨认为,挖掘、整理、保存民俗体育资源是当前民俗体育面临的主要任务,通过建立数据库对民俗体育进行数字化保护,加快民俗体育旅游资源的开发和利用,营造良好的社会氛围,开展民俗进社区、进校园活动,增加受众群体基数是今后民俗体育发展的必由之路[③]。胡娟认为,目前大多数人崇尚的"走保留民俗文化传统的特色竞技化道路"是一种徒具理想主义色彩的、不切实际的道路,因为这不仅需要民俗体育与现代体育的交叉融合,更需要民俗体育顶层设计的制度构建,最终落脚到形成民俗体育的自我发展机

---

① 李元慧.我国民俗体育研究:现状、热点与趋势[A].2021 年中国体育非物质文化遗产国际会议论文集,2021:1.

② 李先长,涂传飞.百年来中国民俗体育研究述评与展望[J].武汉体育学院学报,2009,43(6):16-22.

③ 国辉,李凌晨.天津民俗体育文化现状与发展对策研究[A].第十二届全国体育科学大会论文摘要汇编,2022:3-4.

制,不可否认这是民俗体育发展的理想状态,可至少对现在来说这种模式难以实现。民俗体育的开发和保护是一对始终存在的矛盾,民俗体育未来的发展既不能走西方奥林匹克运动的竞技化旧路,也不能在抱守残缺中止步不前,将民俗体育文化置于边缘和失传的境地①。综上所述,民俗体育的保存和开发是民俗体育发展的两大核心,如何平衡保存和开发之间的权重,使民俗体育自身文化内涵得到保留之下完成民俗体育的现代化转型将是民俗体育研究的焦点。从以上文献可以看出,关于民俗体育的研究发文数量日益增多,研究质量不断深化,民俗体育的研究也从单纯的体育学科向多学科综合性研究过渡。民俗体育未来发展的研究,一方面,聚焦传统民俗体育的保护,以数字赋能建立民俗体育数据库,整合民俗体育资源。另一方面,则是在保留民俗内涵的前提下实现民俗体育的现代化开发和利用,让古老民俗蕴含的文化、经济价值在新时代得到充分展现,以期辩证地对待民俗体育的保护与开发。

2006 年,"大运河文化带"一词首次在我国学术论文中出现,揭开了我国大运河文化带研究的序幕。2017 年开始,关于"大运河文化带"的研究呈井喷式爆发,区域大运河文化带研究、大运河文化带建设研究、大运河文化带价值研究成为大运河文化带研究的热点,丰富了大运河文化带研究的理论基础。我国对民俗体育的研究远远早于大运河文化带的研究。近年来,随着国家政策导向和社会环境的不断优化,我国学者从不同视角和学科领域对民俗体育进行了大量的理论研究和实践探索,推动我国民俗体育研究不断向纵深方向发展。我国民俗体育的研究大多集中在民俗体育的概念界定,民俗体育的起源、发展、流变,民俗体育的分类与特征,民俗体育的价值,民俗体育的文旅融合、产业化发展,以及民俗体育的发展现状、存在问题和发展路径等方面。对民俗体育进行梳理与研究是一项极为繁杂而艰难的任务,究其原因在于民俗体育是一门横跨民俗学、体育学、社会学、人类学、宗教学、历史学等多学科的综合性学科。随着时代赋予民俗体育文化内涵的不断加深,民俗体育

---

① 胡娟.我国民俗体育的流变——以龙舟竞渡为例[J].体育科学,2008(4):84-96.

又涉及经济学类学科领域,仅从单一学科难以对其进行全面、有深度的研究。另外,民俗体育种类众多,受区域文化的限制,其流变呈现出多样化的发展路径,毫无疑问,这也加大了相关研究的难度。例如,部分民俗体育与现代体育的合流将民俗体育引入竞技体育领域,部分民俗体育选择竞赛表演的社会化道路,而大部分民俗体育依然散落于民间。从研究的主体和地域分布来看,我国民俗体育研究呈现出明显的地域差异,如南方多于北方;明显的族别差异,如少数民族多于汉族;明显的项目差异,如针对龙舟的研究明显多于其他项目。当然,也正是在这种差异性下才凸显出民俗体育研究的价值和意义。

总而言之,大运河文化带民俗体育文化研究成果丰硕,已经具备了较为成熟的研究基础,其中关于民俗体育项目的覆盖面、群众参与的积极性程度、法律法规的支持度等方面的研究卓有成效。但是,如今的民俗体育研究并未形成一套比较完整的理论系统,在基础理论研究中依然存在不足。因此,今后一段时间的民俗体育研究不仅要聚焦现状研究,更应将目光放在民俗体育发展的内在逻辑上,以系统的视角探索民俗体育系统内部各要素之间的关系,以及与系统之外的政治、经济、宗教等要素之间的联系。

三、文化特质的相关研究

(一)文化特质的概念及其内涵

在社会学、人类学以及文化研究领域,关于"文化特质"的研究一直是备受关注的话题,研究成果也是层出不穷。不同文化群体以独具的人格心理、价值观念、行为规范等塑造了各自的文化特质。又因全球化背景下,现代社会多元文化的流动和融合使不同文化群体的文化差异逐渐缩小,文化特质也趋于统一。因此,在探讨文化特质的定义时,我们需要进行多维度的考察,包括文化的动态性、多元性以及与个体与社会互动的关系等要素。

1.从中华文化探索我国的文化特质

众所周知,我国的文化以汉文化为主体,包容了不同时期的少数民族文化,最终形成了以儒家思想为主流的文化,儒家的思想体系决定了我国文化的特质。在儒家学派中,孔子、孟子等人皆重人伦之学,将人与天、地并列为三,称为"三才",人不屈于天地,而是与天地同等,"天人合一"观点贯穿了儒家思想。我国文化思想的特质就是重视人、重视人事,而其中最重要的应当数以调节人伦关系为核心的人文主义文化,即虽然强调个人的修养,但个人修养的目的是为利"群",是推己及人。例如,范仲淹有言:"先天下之忧而忧,后天下之乐而乐",这就是中国文化的特质。邓建华、范正宇在其课堂教学讨论中也提出,中国古代文化是在各民族的相互融合渗透,各民族文化的化合中发展壮大的,究其主干仍是华夏——汉文化体系。任何少数民族唯有在"汉化"的条件下才能入主中原,任何一种外来宗教必须在"中国化"的条件下才能在中国发展。中国多元的大一统趋向表现为文化的高度的中心内聚和外向同化①。王震中运用比较学的方法解析了中华上古文明的思想文化特质,指出中华上古文明的思想文化特质主要包括七类:一是表现为对天地的认识和四季与五行统一的宇宙观;二是表现为天地人为一体和敬天保民的天道观;三是表现为孝悌、仁爱、诚信、和合的伦理观;四是表现为以民为本、为政以德的德政观;五是表现为器以藏礼、明辨秩序的礼义教化观;六是表现为以奇偶、阴阳、八卦等方式实现思维辩证的对立统一观;七是表现为多元一体、协和万邦的"大一统"观②。总体而言,学者们普遍认同的观点为:古今中外多元文化的碰撞、交汇与扬弃融通共同构成了中华民族特有的文化特质。

2. 从民俗风格探索我国的文化特质

中华文化是民俗文化形成和发展的基础,不同地域的民族文化往往具有鲜明的地域特色。同时,地方传统民俗的发展又会融入中华文化体系中,实

---

① 邓建华,范正宇.关于中国古文化特质的课堂讨论纪要[J].湖北大学学报(哲学社会科学版),1986(1):70-76.

② 王震中.比较文明学视域中中华上古文明的思想文化特质[J].世界历史,2022(4):7-13.

现共生共融。汤付强对池州民俗文化活动——傩戏古文化特质进行分析,提出古傩文化继承了驱邪纳福的功用,随着科学文明的进步和人们认知水平的提升,池州傩戏从具有封建迷信色彩的祭祀活动转变为驱邪纳福、辞旧迎新的文体活动;其次,较为封闭的自然环境使得池州傩戏保留了高度完整的宗族文化特质,表现出浓重的祖先崇拜色彩;最后,受地方信仰的影响,池州傩戏融合了佛道文化、儒家文化和雕刻、绘画等世俗文化,具有地域文化融合的特质①。理查德·道金斯所创模因论(Meme)认为,文化的遗传因子——模因,通过复制、变异与选择的过程进行演化。复制即文化的遗传过程,文化样态不被改变;变异即为文化的创新过程,文化的表现形式受人的认知、喜好等因素影响而表现出差异性;选择即文化的存活率,不适应时代的文化终将会被时代所淘汰,即"适者生存"。其结果最终表现为文化的活态传承,从而使文化具有真正的生命力②。任艳花通过研究客家民俗舞蹈的文化特质后发现,新时期客家民俗舞蹈文化模因想要在变异和选择中增强复制能力,就要更注重人文关怀,在保留客家民俗舞蹈"原生态"精神本质的基础上,赋予客家民俗舞蹈新思想、新风尚、新观念,增强客家民俗舞蹈的生命力③。

综上所述,研究者在不同领域积极探索,各执新说,但文化特质尚未形成明确的定义。在社会学、人类学及文化研究领域,文化特质具有多元化的特征,即不同文化群体所具有的独特性格、价值观念、行为规范等塑造了各个文化群体的文化特质,但随着多元文化的流动和融合,不同文化群体的文化特质逐渐趋于统一。另外,在中华文化和民俗风格所表现出的文化特质上,儒家思想对文化特质的塑造影响很大,中国文化在多元文化融合中表现出"中心内聚"和"外向同化"特点。

---

① 汤付强.池州傩戏:文化特质、功能与传承创新[J].长江师范学院学报,2024,40(1):30-38.

② 亚历克西丝·本维尼斯特,修文乔.模因的含义和历史[J].英语世界,2024,43(8):4-10.

③ 任艳花.文化模因视域下客家民俗舞蹈的文化特质研究[J].嘉应学院学报,2022,40(2):16-20.

(二)文化特质形成的影响因素

文化特质是一个地区或一个民族文化发展的结果,它源于多种复杂的影响因素。文化特质的形成往往基于历史和传统、宗教、哲学观念和人文环境等社会因素和不同地区地理环境等生态因素融为一体,共同影响着文化特质的发展。

1.历史因素往往对文化特质产生深远影响

历史是文化的基石,传统的习俗、过往的事件、先贤的智慧都在历史长河中留下了深刻的烙印。一个地区或民族的历史经验、历史事件等往往会对其文化特质产生深远的影响。历史上的军事战争、政治变革、文化交流等事件均会在一定程度上影响当地文化的发展轨迹,塑造其独有的文化特色。曹冬栋通过分析近十五年粤剧电影的发展演变,研究了岭南的文化特质。例如,他把据《史记》改编的电影《南越宫词》和以 20 世纪第一次国内革命作为历史背景的电影《刑场上的婚礼》作为研究对象,认为这两部电影是对历史记忆的影像重构,将历史回望与现实观照紧密联系,不仅生动塑造了人物的内在生命和时代的精神风貌,也从战争对人性的摧残和人民的伤害进行深刻反思,蕴含了"在差异中寻求同一"的中华"大一统"的民族融合思想①。

2.地域环境能够形塑不同区域的文化特质

地理环境对文化特质形成的影响不可谓不大,不同的地理环境会影响人们的生活方式、产业结构、精神追求等诸多方面,进而塑造不同地区的文化特质。例如,蓝怀昌通过研究中国瑶族古代文化特质,发现在古代,瑶族人民几乎走遍了中国南部的所有群山,瑶族的历史、瑶族的文化全部孕育于大山之中,因此称瑶族是山的民族。瑶族独特的历史和独特的生活方式也孕育出瑶族的高山文化特质,瑶族的神话故事、民间寓言、民谣诗歌大多与高山文化有

---

① 曹冬栋.历史记忆与文化认同——近十五年粤剧电影岭南文化特质研究[J].电影文学,2023(13):135-138.

关①。郑玉玲通过研究发现,闽台地区的民间舞蹈具备海洋开放性特质,这种文化特质的形成源于临海性的地理环境和人海和谐的心态。闽台地区多崇尚妈祖,每当举办妈祖祭典之时,闽台各地的老会通过表演舞蹈来祈求神灵的保佑和渔业的丰收。这些舞蹈除了内陆常见的龙狮、高跷等外,还有许多颇具海洋特色的舞蹈,如英歌舞、藤牌舞等。得益于"海上丝绸之路"的发展,闽台地区的民俗舞蹈更是将南洋文化、西洋文化、阿拉伯文化融合在一起,呈现出"交合型"的舞蹈文化现象②。

3. 宗教信仰是塑造文化特质的内在性因素

宗教作为人类社会最古老的社会组织形式之一,贯穿整个历史长河,在人们的日常生活、道德观念、价值取向等方面深刻影响着一个地区或民族的文化传统和行为规范。在价值观念和道德规范的塑造上,不同的宗教信仰会赋予人们不同的精神追求和生活方式,从而形成不同的文化特质。例如,佛教弘扬的慈悲善良、道教倡导的自然和谐,伊斯兰教的崇俭戒奢③。在文学和哲学的发展史上,宗教也发挥了重要的作用。许多宗教经典被视为文学经典,其中蕴含着丰富的哲学思想和人生智慧。例如,印度的《摩诃婆罗多》、中国的《道德经》、基督教的《圣经》、伊斯兰教的《古兰经》等,都成为各自文化的宝贵遗产,影响了后世的文学创作和思想传承。

综上所述,文化特质的形成和发展是一个综合性、多元化的过程,基于多种因素的相互作用和综合影响。历史的选择是最主要的影响因素。历史上的军事战争、政治变革、文化交流等事件均在一定程度上影响着文化特质的形成;地理环境主要是通过地形、海拔、气候等客观因素的变化来影响文化特质的形成;宗教主要通过约束人们的日常行为,影响教徒的价值观念来塑造文化特质。当然,影响文化特质形成与发展的因素远不止于此,人口流动和

---

① 蓝怀昌.中国瑶族古代文化特质概述[J].民族艺术,1987(3):21-34.

② 郑玉玲.闽台民间舞蹈的区域文化特质研究[J].集美大学学报(哲学社会科学版),2018,21(4):118-123.

③ 潘世杰.从《古兰经》看伊斯兰教的崇俭戒奢理念[J].中国穆斯林,2022(6):26-30.

文化交流、经济状况和社会制度等一系列因素也会不同程度地影响一个地区、一个民族、一个国家文化特质的形成,这些因素相互交织、相互碰撞,又相互牵制、互融互渗,共同为文化的发展和进步提供了一定的外部支撑。

第二章　大运河天津段历史发展及其文化生态底蕴

第一节　大运河天津段组成与分布情况概述

从整体来看,大运河天津段由北运河、南运河两部分组成;从支流来看,还有南运河故道以及减河、引河两条河流。减河和引河的流向由西向东,而北运河和南运河是南北流向,此四条河流在海河交汇,最终流入渤海①。

一、北运河

如果把运河比作一条巨龙,那么北运河就处在龙头的位置。北运河历史悠久,早期是天津退海之后,河流不断冲刷而形成,西汉时,曾被称为沽水,后来使用过露水、白河等作为名称。总之,经过一系列更名,直到清朝才被正式称为"北运河"。

历史上,北运河长度较长,流经的城区较多,其中有 20 千米的河段流经天津的 36 个村落。北运河上游在天津境内有四条水源,保证了北运河水源供给的源源不断。但是,水源供给充沛是一把"双刃剑",一方面,方便了人们的生活用水和农业灌溉;另一方面,则加大了河流排水的难度,致使洪水频

---

① 于澜.大运河文化在天津市文化自信建设中的作用研究[D].河北工业大学,2019.

发。为了防止洪水暴发,康熙、雍正、乾隆三朝不断地给北运河开通引河,将北运河的河水分流出去,以减轻夏季水源过大之历史顽症与现实困扰。几经整改,如今的北运河流经武清、北辰等区域,共长 94 千米,宽度 10~20 米不等。总体来说,近年来,由于国家的重视,大运河保护利用上升为国家战略。有鉴于此,北运河沿岸有关部门不仅颁布实施了相关的法律法规,而且在北运河沿岸修建了防护绿地、健身步道等运动设施来改善和美化北运河的文化生态环境①,打造美丽乡村,助推乡村振兴。此外,武清区还在北运河沿岸打造了运河文化公园,运河文化公园中还建造了历史文化墙等文化景观,不仅提升了公园的文化场景品质,而且涤荡了游客与观众的心灵,与此同时,有效地将运河的历史文化展示、传播给广大游客与民众②。

二、南运河

南运河的历史可以追溯到汉朝,时任丞相的曹操为了运送东征乌桓的士兵和物资下令开凿平虏渠,而南运河的前身就是曹操所建平虏渠的一部分。随着历史的推进,后来平虏渠被改成运河用作漕运,南运河的漕运在明清时期已经十分发达。纵观历史,南运河在漕运、水利以及文化交流等方面都发挥着不可替代的作用。南运河的流向是自南向北,从临清北至三岔河口,在此处与北运河汇合。与北运河的水源充足相比,南运河的水资源较少。

如今南运河故道已经断流。南运河流域的水源本就不足,仅存的水源又惨遭工业化污染,致使该流域水质常年为劣质。有关资料显示,国际水资源紧缺的标准是人均 1000 立方米,然而南运河流域的人均水资源仅为该标准的六分之一。由此可见,该区域的水资源问题令人担忧。毋庸置疑,南运河流域水资源不足成为制约其发展的主要因素③。与此同时,随着南运河漕

---

① 佟景正.天津:大运河载来的城市[J].中国名城,2008(S1):27-28.
② 钱升华,邵波.大运河天津段历史文化遗产保护利用探析[J].城市,2021(6):53-61.
③ 牛放.文化线路视域下的大运河(京津段)非物质文化遗产传承趋势研究[D].天津理工大学,2020.

运、沟通等功能的缺失以及水质的持续下降,沿岸生态环境愈发恶劣,沿岸村民不断逃离,村落也渐趋零落乃至荒弃,严重影响到沿岸文物古迹的维护与修葺。近年来,为了响应国家号召,天津市文物部门等相关部门启动了大运河可持续性发展保护利用工作。例如,为了展示南运河文化,静海区政府不仅积极宣传大运河非物质文化遗产,而且静海区陈官屯镇修建了陈官屯运河文化博物馆。这些措施不仅为游客提供了一个沉浸接触大运河文化的场景平台,而且保护传承了大运河文化。

三、减水河

减水河也称减河,又称引河,是为减少干流水势,利用天然河道或人工开辟的新河道,分泄江河超额洪水的防洪工程设施。在我国海河流域,部分分洪河道即被称为减河。减河可以直接入海、入湖或在下游重新汇入干流及其他河流。大运河天津段最著名的减河是独流减河。

独流减河初建于20世纪50年代,1966—1970年扩建,全长达68.8千米。独流减河开始于天津市西青区辛口镇第六堡,流经天津市静海区、西青区和滨海新区南部,并于滨海新区古林街上古林村东汇入渤海。1917年,海河流域突遭特大洪水,海河两岸几乎全部被淹。为防治水害,1918年成立了顺直水利委员会,在其《治本计划》中,规划了独流减河。1939年,海河流域再次暴发大洪水,南运河多处决口,天津市大部被淹。洪水过后,日伪统治者命令伪建设局、天津工程局操办开挖减河。他们参照了《治本计划》中的规划方案,于1942年动工,1944年春,因劳力、资金困难被迫停滞,半途而废。新中国成立以后,由于南运河泄洪压力过大,1951年秋,独流减河工程再次启动。1953年,独流减河全部竣工,当年便实现了高效分洪,不仅大大减轻了大清河下游的水患,也基本解除了海河流域汛期洪水对天津市区和津浦铁路的威胁,实现了老百姓多年来期盼的"静水安澜"。而后,随着时间的推移,独流减河经过不断扩建,最终成为天津南运河最重要的河流之一①。

第二节　大运河天津段的文化生态底蕴研究

一、大运河天津段的历史沿革

大运河天津段在历史上经历了一个又一个的演变和发展过程,其演变和发展过程也不尽相同。现根据大运河天津段发展的历史脉络,将其形成和发展的过程分为"修筑河道,串联水系;漕运兴盛,建城设卫;内忧外患,日渐衰落;保护开发,迎来新生"四个阶段。

(一)修筑河道,串联水系

天津郡县的起源可以追溯到战国时期,秦统一六国之后,在天津以北的地方设立了渔阳郡。汉朝灭了秦朝之后,又在汉高祖五年在南方设立了渤海郡。渔阳郡泉州、渤海郡舒,均为天津最初的两个郡县,雍奴则是沿运河而生的聚落形式。东汉后期,曹操为了军事和水利需要,在天津平原开凿了平虏渠与泉州渠,这一工程被认为是开辟大运河的开端。平虏渠与泉州渠使天然河道贯通,形成南北纵横、东西交错的内河水路系统,沿河道分布着大量的原始村落,其村民大多依水而居,以小户为食,自给自足。隋炀帝杨广和唐太宗李世民先后修复过大运河,将原本零散的运河连接在一起,成为南北贯通的重要航道——京杭大运河。天津段是京杭大运河的主体,其修建历史也十分悠久。

---

① 牛会聪.多元文化生态廊道影响下京杭大运河天津段聚落形态研究[D].天津大学,2011.

（二）漕运兴盛，建城设卫

隋朝开凿的大运河从洛阳到涿郡，再到余杭，连接海河、黄河、淮河、长江、钱塘江，连接中原、洛阳、涿郡（幽州）、浚仪（汴州）、梁郡（宋州）、山阳（楚州）、江都（扬州）、吴郡（苏州）、余杭（杭州），通都大邑，贯通江南、河北、关中，贯通长安、洛阳、涿郡（幽州）、梁郡（宋州）、山阳（楚州）、江都（扬州）、吴郡（苏州）、余杭（杭州）。如此一来，以洛阳为核心的南北水路干线初步建成。这不但增强了隋朝对江南地区的政治、军事控制，也方便了江南货物到洛阳和长安的转运，同时也极大地促进了南北经济文化的联系，对后来的历史进程也产生了深刻的影响。天津始于隋朝大运河的开通，隋唐时期被称为"三会海口"[①]。隋代大运河南北贯通的实现，使"三会海口"这个以运河为中心的海港城镇，经济和文化得到了迅速的发展。唐朝时期，除满足运输、交流等方面的需求外，还因军事等方面的原因，发展了内陆水路运输。北宋建国后，以开封为中心，在原有运河基础上再开新河、疏通古河道，达到了漕运的高峰。宋室南下后，宋金以淮河为界，南北对峙，导致大运河南北断流，但宋金两国对运河的开发与管理一直没有停止。元朝时，北京成为首都，而"海津镇"（元朝时天津的名称）地处北京东南部，又是燕京一带的重要港口，地位日益提高。元代运河改为东行，以直为正。运河的频繁修筑和改道，不但推动了漕运的发展，也推动了以漕运为核心的盐产业的繁荣。大运河曾有过一段繁荣时期，明朝在三岔河口设置"天津卫"，运河沿岸城市的兴起，促使"天津卫"经济和文化的发展。运河沿岸店铺、码头和驿站的设立，使得天津一度成为南北方货物汇集的重要贸易中心。大运河的便利通行带动了大运河沿岸地区的发展与繁荣，从而形成了以大运河为载体的"南北文化经济带"，造就了独具特色的运河文化生态系统。

---

① 谷建华.谷建华图说古运河之"天津趣事"［EB/OL］. http://ent. cnr. cn/yunhe/dj/yh/20210218/t20210218_525415947. shtml. 2021-2-18.

(三)内忧外患,日渐衰落

明清两代,随着大运河漕粮运输的繁盛发达,运河沿线城市和乡村的经济也开始迅速发展,并在此基础上形成了一条以"运河"为载体的"南北"文化经济带。繁荣的京杭运河也极大地促进了天津经济文化的发展,改善了当地的生态环境。清朝后期,京杭大运河的治理多以发展漕运为主,而天津境内水网交错,又有众多河流汇合后流向渤海的一条海河河道,天津段实施"以漕养漕"的方法,允许随行的兵士通过运粮官船搭载一些当地物产进行私人贩卖,以获取利润。1842 年,清政府在鸦片战争中战败,列强夺取了京杭大运河与长江交汇处的镇江,封锁了运河的漕运,一度繁华的三岔河口附近被迫建立租界。列强在天津划定租界后,相继开设领事馆、开设银行、洋行,培植鸦片、洋货等,大肆搜刮天津的物资,瓜分运河沿线物产以谋取私利,使得大运河天津段开始显露衰败的迹象。在运河文化被迫中止和列强压迫的双重作用下,民族危机不断加深。在西方霸权主义的粗暴传播和强烈冲击下,运河文化出现了短暂的断裂现象。然而,随着西方列强的坚船利炮而舶来的还有西方的体育观念和运动方式,如田径、拳击、足球等,这在一定程度上推动了外来文化尤其是体育文化在天津的传播与发展。由于清政府没有给予足够的重视,大运河的状况进一步恶化。在新兴的铁路运输和陆路运输的联合冲击下,大运河的地位日趋边缘化。

(四)保护开发,迎来新生

新中国成立初期,人民政府开始重视大运河的保护与修复。但由于面临多方面的挑战和问题,大运河的发展并不显著。直到 1978 年改革开放政策的实施,国家开始加大对大运河的投资和改造力度,大运河的发展建设逐渐取得明显的成效,尤其在旅游开发方面发展势头较为迅猛,无锡、苏州、扬州等古运河段,相继开通了旅游水上专线,后又延伸至杭州。在北方,天津段大运河凭借沿岸独特的人文景观、悠久的历史文化以及浓郁的风土人情,成为天津文旅产业发展的重中之重。

党的十八大以来,党中央、国务院对运河文化遗产的保护、继承和利用给予应有的重视。自 2019 年以来,中共中央办公厅、国务院办公厅先后联合印发《大运河文化保护传承利用纲要》《长城、大运河、长征国家文化公园建设方案》,提出核心监控区、核心区、辐射区、拓展区等概念。国家有关部委也印发了文旅、生态、水系、文物保护等专项规划。运河保护的要素涉及自然景观、历史和建筑景观、文化和艺术景观、水质保护、生态保护、旅游开发、清洁能源使用、两岸绿化等方面,也涵盖了非物质文化遗产,如传统工艺、生活习俗、民俗体育等无形文化遗产。保护方式也由过去的文化遗产保护向生态建设与遗产保护、文化传承与地区发展相结合,采用保护传承与利用相结合的方式。在空间上由遗产本体空间向生态、农业、城镇等多个领域的协调保护和协同治理转变。国家层面制定的规划与纲要明确了大运河文化遗产保护传承工作的主要目标和工作任务,为全面提升大运河文化遗产保护传承提供了方向性的专业指导。天津段大运河的保护与传承以文化、生态为导向,以加强文化遗产的保护与传承为重点,旨在建立文化遗产的传承与利用机制,建立"大运河"国家记忆系统,以促进中华优秀传统文化的创造性转化与创新性发展。

二、大运河天津段的区域环境

(一)自然生态环境

运河文化的兴盛与衰落与其所处的生态环境密切相关。运河沿线人流、物流繁忙、经济发达,国家就会将更多的精力用在改善沿线城市的经济发展的生态环境上;运河运输功能减弱,经济发展不景气,国家的发展重心也就不会集中在运河的治理和疏通上,运河周边地区的社会生态环境也会因缺少关注与政策支持逐渐趋于恶化。

在历史上,天津运河曾经是南北文化交流的枢纽,据考证也是文化园林繁茂的区域。随着现代铁路运输的发展,大运河运输功能式微,昔日繁华不再。现如今,大运河流经天津市武清、北辰、红桥、河北、南开、西青和静海7个区,各区之间,以及各区内部之间均在一定程度上存在发展不平衡不充分的问题①。京杭大运河天津段是国家重点保护区域,以"海河通津,漕粮转运"为主线,其"非遗"空间具有鲜明的地域特色。运河沿线的各个部分具有明显的人文特征,三岔口是元朝河海联运和天津发源地的中心地带;武清至北辰段北运河的漕运和仓储文化具有明显的特点,例如,元大都周边最大的仓储基地——十四仓遗址和北运河沉船遗址就是其中的代表;大运河西青和静海段村镇大都沿江而建。例如,具有百年历史的杨柳青镇,继承了大运河历史进程中漫长的生活文化演变。令人惋惜的是,除了杨柳青段大运河得到了良好保护外,有的河段彻底断流,成为一片死水,或水量稀少,水质极差,或受到沿途村庄垃圾污染,杂草丛生。与南运河相比,北运河沿岸的生态环境条件虽然略为优越,但也有待改善与提升。

面对运河沿线现存的诸多问题,应在大运河天津段多元文化生态廊道的构成框架中的每个层面上设置相应的优化策略,从而达到整体化生态廊道的文化复苏。天津城坐落于"九河下梢",水系纵横交错,众多江河汇聚海河,海河是直接流入渤海的一条水道,交通便捷。从纵向来看,大运河将天津与毗邻的运河沿岸城市联结在一起,丰富的运河文化资源为天津的运河文化建设提供了良好的发展基础。从地理位置上来说,天津运河文化遗产的开发和利用具有良好的市场和得天独厚的优越地理条件。

（二）社会经济环境

运河的繁荣不仅与国家的政治命运、经济发展、军事战争等因素密切相关,而且会对沿岸地区的文明传播起到直接作用。虽然如此,但是早期的运

---

① 邵波.以新发展理念引领天津大运河文化保护传承利用[N].天津日报,2021-10-08(009).

河沿岸尚不具备形成地域文化的基础,也没有经历文化积淀所需的漫长过程。例如,前期的平虏渠、泉州渠开凿后,虽然形成了以"运河"为轴,向两岸扩张的文化生态地域,但因其规模小、功能单一等因素掣肘,并未形成完整的运河体系。当时,狭窄的运河区域其实就是一个由诸侯国或者行政区构建起来的文化圈,并没有打破原始文化的影响和掌控,因此,也没有形成明显区别于周围地区的独特的文化形态。

从历史发展来看,早期的运河大多是为了运粮、军需而开凿,当战争结束,运河的任务完成,这些运河也就荒废再不具备通航价值。可以说,运河在古代社会的发展过程中,其命运与当时社会的政治、军事活动有着密切的联系。与吴越运河沿线早期的吴越争霸类似,天津运河区域的辽、宋对峙也体现出运河对国家政治、军事的重要性①。这个时代的运河,并不只是军事上的补给,它还可以作为一种战略手段,比如利用运河的水势涨落来达到军事上的目的。

纵观中国大运河的发展史,每一个朝代的运河建设,都伴随着朝政和国运的盛衰变化。国泰民安时运河畅通,而当国破家亡之际则运河零落,京杭大运河的盛衰同样与中华民族的政治命运息息相关。天津段大运河文化的盛衰也是如此。早在宋元时期,大运河的政治和军事功能就已经显现。自明朝在天津建卫六百多年来,天津以得天独厚的区位条件与空间优势,深深扎根于此地,日积月累,孕育出了一种具有独特"津味"的码头文化、漕运文化。现代天津除了具有历史意义的历史遗址,还遗留下了大量的西洋文明的产物,其中包括列强遗留的租界和西式建筑等,同属于天津珍贵的文化遗产。同时,以天津三岔口为核心的运河文化,带动了港口文化和漕运文化的繁荣。从文化层面来讲,天津是一座移民城市,汇聚四方民俗,形成自己独特的方言。天津传统的手工艺和曲艺也十分丰富,被称为中国曲艺之乡。总体而言,天津这座北方海滨城市在历史发展的过程中逐步形成了独具"漕运"特

---

① 牛会聪.多元文化生态廊道影响下京杭大运河天津段聚落形态研究[D].天津大学,2012.

色的"码头"文化体系,而天津的"运河"文化也逐步具有了天津的区域特征。

(三)历史人文环境

天津大运河及其衍生的文化经过不断传播与融合,孕育了大量的文物与文化资源。譬如,天津大运河沿岸文化遗存、古文化街、估衣街、老城厢、独流镇、陈官屯镇、老米店村、东西仓村等,还有一些水利设施、古建筑、遗址、石刻等,这些都是大运河文化的重要组成部分。大运河天津段的非物质文化遗产是伴随着大运河的开凿和贯通而产生的,也伴随着沿岸地区经济发展和文化传播而发展,与沿河、沿海地区人民的生活息息相关。

博大精深的人文精神是沟通大运河沿线城市文化"心桥"的基本因素。不言而喻,大运河不仅是人类社会生产力发展的文化成果,也是一种特殊的"人为"的河流文化生产模式。可以说,大运河沿岸民众所遵循的规律规则与风俗习惯,均是大运河人文环境中"善""爱""美""敬""畏"的抽绎体现。再者,大运河流域民众需要依托大运河来生产、生活与生存,而各地域因独特的地理环境、生活方式等方面各不相同,故而为大运河及其文化样态的形成与发展提供了各具特色的历史人文生态环境。与此同时,大运河不仅使中国的南北商贸往来频繁,而且促进了各地区文化的融合,对维护中华民族的社会稳定与民族统一起到至关重要的作用。毫不夸张地说,大运河人文精神中最核心、最典型的符号或者标签就是"融",通过大运河这一贯穿南北的文化通道,使沿线各区域、各地区的文化样态顺利地贯穿交融起来。

三、大运河天津段的特殊功能

(一)政治功能

京杭大运河的开凿起自春秋,历经隋唐时的应用、元朝时的疏通改造,在清朝时期最终成形。纵观历史,大运河天津段在历史上扮演着巩固政权、保障皇室安全与粮食输送等重要角色,无论是秦汉时的东西向漕运线,还是明清时的南北运输线,都是为了便利京城、边关等地的运输,从而便于统治者对国家的掌控和资源的调剂。此外,京杭大运河天津段的兴衰还对国家政治格局的稳固带来深远的影响。在确保国家统一和政局稳定的前提下,漕粮的运输效率和漕河的管理程度对社会产生积极的影响。然而,如若天津段运河改道或淤塞,粮草将无法顺利抵达北京,粮草不足会导致社会动乱和社会秩序的失衡。从某种意义上讲,古代漕运制度的完善和完备,是国家社稷长治久安的有力保障。因此,大运河天津段是否通畅,是一个国家兴衰的重要标志,其政治意义是显而易见的①。

(二)经济功能

大运河天津段的经济功能主要体现在运河旅游价值的充分挖掘与利用。京杭大运河在天津境内流经武清区、静海区、西青区、河北区、红桥区、南开区和北辰区,共计 7 个区,全长近 180 千米。在运河沿岸也形成了具有地方特色的文化旅游资源,如古建筑、园林和特色古镇等。此外,天津周边拥有运河旅游资源的城市有北京、沧州、张家口、聊城、德州等②。与天津相比,聊城、德州对于东北三省的游客来说地理位置比较偏远,沧州、张家口的运河旅游发展较为落后,而北京人口密集度太高,所以旅游体验效果不是特别理想。这样一来,天津独特的区位优势和空间优势就凸显出来,吸引了来运河旅游的部分客源。

近年来,水上工程建设呈现蓬勃发展之势,其重要性也日益凸显。水资源既是大自然的恩赐,又是一种新型绿色能源。因此,加强水利设施的建设,对于提高人民生活水平,促进国民经济发展有着非同寻常的意义。我国幅员辽阔,各地区的自然条件也是千差万别,因此各个区域的水利工程施工有不

---

① 刘咏梅,王德胜.隋唐时期大运河德州段历史功能考辩[J].德州学院学报,2022,38(5):95-98.

② 张帆.对大运河线旅游开发潜力的思考[J].旅游科学,1999(2):4-7.

同程度上的差异。例如,南水北调工程在带动周边经济建设、扩大和增加再就业、解决民生难题等方面发挥着重要作用①。京杭大运河天津段水利资源的经济功能的开发利用,便显得尤为重要。

(三)文化功能

历史文化遗产承载着中华民族的基因和血脉,保护历史文化遗产是推动文化传承发展的重要基础。习近平总书记对文化遗产保护高度重视,展现了强烈的文明担当和深沉的文化情怀。大运河天津段滋养孕育了丰富多彩的运河文化,在天津运河沿线形成了丰富的文化项目,体现运河沿线人们的情感寄托和生产技艺②。譬如,"泥人张"彩塑起源于道光年间,流传至今约有一百八十年历史,其发展与运河有着密切联系③。"泥人张"的发展离不开运河。"泥人张"是以创办人张明山的名字命名的。张明山是浙江人,祖上曾乘船运货到天津。张明山在继承传统的泥塑技术的基础上,把泥塑和其他一些民间手工艺术融合在一起,形成了一种独特的泥塑艺术。随着时代的发展,"泥人张"的题材从最初的民间风俗和民间故事扩展到了中国古代的经典作品,为后世所继承并发扬光大。再如,杨柳青镇——我国著名年画生产地之一,临南运河、子牙河、大清河,因而杨柳青年画的发展与运河有着很大的历史渊源④。西河大鼓——最初是起源于河北一带的一种民间说唱艺术,又叫"梅花调",至今已有两百多年的历史。西河大鼓的发展,不仅与运河的发展有关,也与漕运文化的发达和繁荣密不可分。西河大鼓起源于北运河的

---

① 何为刚.略论京杭大运河的过去和未来[J].济宁师范专科学校学报,1997,18(3):92-96.

② 葛剑雄.大运河历史与大运河文化带建设刍议[J].江苏社会科学,2018(2):126-129.

③ 刘建华,张蕊.我国历史文化遗产科学数据共享的现状及对策研究[J].东南文化,2008(5):92-96.

④ 潘一.杨柳青木版年画传承与传播设计研究[D].江南大学,2007.

河西务(今武清区运河重点遗址)①。而河西务镇地处大运河西岸,是沿运河而生的城镇。

大运河的开通,打开了天津与外界的联系和发展的通道。天津漕运的繁荣,也带动了大运河沿岸的茶馆、书坊以及西河大鼓和相声等曲艺的蓬勃发展。习近平总书记要求各级党委和政府要增强对历史文物的敬畏之心,树立保护文物也是政绩的科学理念,统筹好文物保护与经济社会发展,全面贯彻"保护为主、抢救第一、合理利用、加强管理"的工作方针。近年来,天津市各区也致力于以大运河为载体传播优秀传统文化。例如,北辰区设置了以运河文化为主题的非物质文化遗产展示中心,利用"运河武魂""艺术与医术"等板块的图片、文字及展陈实物,让人们感受北运河深厚的文化内涵。静海区以"运河文化轴线"为重点,以"运河风景游"为主线,以"文化+旅游"的方式,将运河沿线的人文和历史文化串联起来,形成静海区第一条全国旅游精品线路。

(四)军事功能

晋末以来,由于高句丽政权不断对辽西营州等地进行骚扰和掠夺,隋炀帝决定起兵攻打高句丽。为了增加后援速度,需要建设一条运输军队和器械的渠道,并积极筹划与推进此项工作。自隋大业元年(605)至大业六年(610),隋炀帝修建了一条横跨海河、黄河、淮河、长江、钱塘江,全长两千多千米的"大运河",形成了一个以洛阳为中心、西通关中、北抵华北平原、南达太湖流域、东至淮海的"水运网",为当时的国家发展注入了新的活力。在《通典》中,杜佑对于隋炀帝开凿大运河进行了客观评价,认为这是一项有利于天下转输的重大举措。隋代统一北方后,开始重视发展经济和文化事业,并将大量人力、物力、财力利用于漕运建设和管理工作方面。唐贞观末年,唐太宗多次对辽东实施军事行动,大部分军粮来自天津一带,并通过永济渠进

---

① 邵波,钱升华.论大运河文化带建设中的文物保护与传承利用[J].聊城大学学报(社会科学版),2019(1):10-17.

行转运。唐高宗、武则天统治期间,突厥和契丹的反唐势力不断扩大,北方的局势越来越紧张,从永济渠向北方输送军事物资的任务越来越艰巨。在近代,三岔河流域不仅是一个重要的商业贸易基地,更是一个军事要塞,历代地方政府都在此设立军事设施。清同治年间,清政府掀起了洋务运动,而天津被清政府视为北方洋务运动的中心,诸多重工业以及军事工业基地均设在天津。提到近代军事,就不得不提"小站练兵"。甲午战败之后,清政府针对军队腐败、萎靡的状态决定按照西方编制改建陆军。1895 年,清政府在天津小站编练新军。新建陆军结构体系完整,实行了标准的编制序列,设立了各个机构。总体而言,"小站练兵"改变了中国传统军制,实行了全新的规章制度和人员编制,建立了中国第一支近代陆军。解放战争时期,天津被视为决定中国命运的战场之一。在战争后期,城内守军利用天津市内流经的运河修建了大量的城防工程,他们开挖护城河,将南运河水引入护城河中,并且通过各种错综交错的水道,最终形成阶梯形的防守水网。天津在近代战争中的地位也随着运河作用的扩大而逐渐提高。

(五)人口功能

京杭大运河贯穿天津多地,其中三岔河是最为重要的渡口之一,同时也是天津城市发展的重要基石。随着时间的推移,三岔河逐渐向周边地区延伸。生活在运河周边的居民为了祈求神明的庇佑,纷纷在三岔河周边兴建宏伟的庙宇,逐渐吸引更多的人口定居于此,推动了人口规模的不断扩大。同时,大量的人群在运河上航行,散播各自家乡的文化,逐渐形成外来移民的聚居区。此外,同一地域的人为维护该地区的经济利益,往往会在邻近的地区成立场馆,互相提携,联络情感。清朝后期,三岔河流域以便捷的交通条件,吸引了大批的民族工业资本家前来投资、发展。而现代工业的蓬勃发展也为这座城市的经济繁荣注入了新的活力,三岔河流域的历史也因此得以更加真实、高效地延续下去①。明清时期,很多回族商人往来于运河沿线,在天津、北京等地从事商业贸易,他们当中很多人选择定居于此。随着时代的发展,运河两岸的定居的人越来越多,人口规模逐渐扩大。

(六)生态功能

运河的社会功能主要表现在运河的生态功能。运河的生态景观开发对于旅游业的蓬勃发展具有积极的促进作用②。习近平生态文明思想的提出和落实,促进了我国城市的可持续发展,同时也为城市旅游带来新的机遇。随着社会的发展以及人民生活水平的不断提高,更多的人将目光投向了绿水青山的景点,以响应国家绿色生活、绿色出行的政策。因此,加强生态景观的构建,对于推动旅游产业的发展、增加经济效益具有重要意义。

在我国北方地区,受气候条件影响,经常会有干旱灾害和沙尘现象发生,给人民群众的生产生活带来危害,同时造成水资源浪费、生态环境破坏等问题。在天津地区,运河的生态景观是提升城市综合环境治理的基础,而运河是天津市的主要水上运输通道,其天然的生态环境决定了其防洪排涝的便利功能。换个角度来看,生态自然环境的改变也有利于促进当地经济文化的繁荣③。在大运河天津段区域内,得天独厚的自然资源和生态环境为农业的发展奠定了坚实的基础,两岸的农林景观也呈现出浓郁的地方特色,历史人文古迹更是丰富多彩。这些都为天津这座"移民"城市开展对外贸易提供了有利的地理环境因素和社会经济发展的便利。该地区的农业发展呈现出良好的发展态势,这得益于天津优越的地理条件以及当地农产品品牌的显著优势。

---

① 赵静媛,郭凤平,戴学来.浅谈天津漕运与地名文化保护[J].中国地名,2012(1):74-76.

② 张博.京杭大运河天津段保护与利用研究[D].天津大学,2015.

③ Werner Breitung, Jing Lu. Suzhou's water grid as urban heritage and tourism resource: an urban morphology approach to a Chinese city[J]. Journal of Heritage Tourism, 2016, 12(3): 251-266.

第三节　大运河文化与天津民俗体育文化的联系

一、大运河文化与天津民俗体育的内在联系

大运河作为"南粮北运"的主要通道,拉动了两岸经济,推动了当地文化的发展,对沿岸地区的政治、经济、社会和文化等诸多方面产生了深远的影响。天津因"九河下梢""水陆码头"的特殊地理位置,迅速发展为华北地区最大的水上交通枢纽和商品集散地。天津独流、杨柳青、河西务一带,与运河关系紧密,漕运发达。漕运的兴盛,不但带动了交通运输业与工商业的兴盛,还产生了诸如估衣街、粮店街、竹竿巷等众多的商贸街市,而来自全国南北各地的富商巨贾,以乡情联谊的形式,成立了闽粤会馆、山西会馆、安徽会馆、济宁会馆等聚会场所,人口五方杂处、多元文化交汇融合,彰显了天津这座移民城市的昌盛繁荣与独特魅力。

天津每年举办皇会的经济支柱——"八大家"也逐渐形成规模。"八大家"称呼源于清朝咸丰初年,是指当时靠从事漕运、盐务、钱庄等行业发迹的富户豪门的统称。由于有"八大家"的资助与推波助澜,天津的民间娘娘庙会演变成了不同凡响的"皇会"。"八大家"要借"皇会"这种民俗文化活动向皇上表示效忠,向社会炫耀阔绰、财势、身份,以彰显他们"好散财买脸"的家风特征。一年一度的天津皇会,庙中伙食和应用的绸缎布匹以及抬阁会的八架抬阁、一部分仪仗銮驾等,均由盐商、粮商资助。皇会中的扫殿会、门幡、黄轿、华辇、銮驾及华盖宝伞等物资以及民俗体育活动的开销也大都由各富商支付。天津皇会文化的繁荣从一个侧面彰显了"八大家"雄厚的经济实力,也反映了天津城市经济、文化的繁荣,同时体现了近代天津卫的社会面貌。

随着运河文化的发展,天津地区的自然、人文、城市景观等也展现出新的

面貌。如石家大院、水西庄等私家住宅、园林以独特的建筑风格,吸引着众多文人墨客驻足流连。在红学界,有学者考证水西庄是曹雪芹《红楼梦》中大观园的原型①。可惜的是,当年的水西庄早已不复存在。此外,大运河也孕育了丰富多彩的民间文化,例如,以运河文化为代表的泥人张彩塑、杨柳青木版年画等。这些传统民间工艺,不仅展示了"运河"的"活"文化,而且成为天津的城市风貌与特色的名片与标识,是当代天津发展的一笔宝贵的精神文化遗产。

近代以来,随着铁路运输业的迅猛发展,大运河作为连接南北千年古道的运输职能不断衰减,运河文化也渐趋走向衰落。但是历史总会留下印记,运河沿岸遗存的历史文化遗产足以成为展示我国优秀传统文化与天津城市历史风貌的重要窗口,也会成为提升我国文化自信、提升文化软实力、推进生态文明的重要源泉。时至今日,由于国家政策的引领,大运河文化带的建设与发展提升为国家战略。与此同时,大运河成为京津冀协同发展、"一带一路"、长江经济带、河北雄安新区等国家重大战略中的桥梁与纽带,毫无疑问,这对于天津市目前乃至未来的经济发展、文化繁荣、社会进步等均具有十分重要的现实意义。

二、大运河文化对天津民俗体育的外在影响

对于地处九河下游的天津而言,城市的生存和发展都离不开源源不断的水资源。海河干流贯穿天津市区,将北运河、南运河、子牙河、大清河、永定河与渤海相连,形成了一条复杂的水道网络。在这一流域内,河流纵横交错,湖泊星罗棋布,构成一个完整的水网体系。随着漕运的发展,天津逐渐形成水路运输和陆路运输两种方式并存的局面,成为我国重要的漕运之地。自运河开通以来,漕运也成为天津赖以生存和经济发展的生命线。从元朝开始,随着海运和海禁政策的放松,海上贸易日益繁荣,民间信仰逐步兴起并逐渐走

---

① 光明网.《红楼梦》与天津水西庄-文摘报[N].2012-11-10.

向繁盛,妈祖成为人们膜拜供奉的对象。天津皇会也成为该地区的一项重要的妈祖祭典民俗活动,舞狮、舞龙、旱船、秧歌等丰富多彩的民俗体育活动出现在皇会的行会表演中,进入大众的视野。

直沽寨是金代在武清、柳口(今杨柳青镇)附近设置的军事据点。自此以后,天津开始从单纯的运河漕运枢纽转向兼具漕运和军事双重功能的军事重镇。为了加强军事防御,元代统治者将直沽寨升格为海津镇,进一步加强防御措施,提高其战略地位,天津成为军事重镇和漕运转运中心。明初,明朝再次将天津作为军事基地,不断扩大驻军规模,补充军事力量。此后,在这里修筑关隘和炮台,设立卫所,天津迅速成为保卫京都的重要军事据点,"天津卫"的名称便由此而来。明朝末年,北方战事连年,大量人口南迁沿海和内地。随着清朝的政权逐渐稳固统治,天津作为京师门户的地位逐步提高,成为畿辅之首。清康熙初年,又将天津改为直辖直隶州,进一步巩固了对北方广大地区的统治。清朝统治者对驻防于此的军队十分重视,并采取了许多措施来提升军队战斗力。从历史发展来看,作为军事重镇的天津,古已有之的屯田士兵以及李鸿章的淮军和袁世凯的新军都曾驻扎于此等,皆为这座城市注入了浓厚的军旅气息。《天津县志》说天津人"无论贫富,见义必为,饶有古遗风"。在天津这片土地上,淳朴的民风、侠义的精神以及民间武术的发展相融合,共同铸就了这座城市的深厚的文化底蕴和勇武的精神风貌。

元代,天津水运与海运极其发达,直沽地区的商贸活动也更加活跃。由于直沽地区与其他地区的交往密切,直接带动了区域经济的发展与繁荣。明中叶以后,天津已经成为中国北方的重要商品集散地,人口数量也呈现出显著的上升趋势。到清中期,由于天津地区人口激增,城市规模不断扩大,商品市场也日趋兴旺,天津成为全国著名的商埠。至康熙年间,全国各地的商品大量涌入天津,商业因而出现了前所未有的繁荣景象。随着商业的蓬勃发展,大量的外地客商携眷定居于此,来自全国各地各行各业的人也纷至沓来。在天津的码头上,聚集了大量外来的人群,其中有大量的外来劳工是为谋生计,来天津"闯码头"。为了确保在天津往来的众多客商的人身和财产安全,武术已成为一项重要的防御手段,习武之风极为盛行。天津也因此成为游侠、镖师、武林高手的聚集地,各派武艺在这里汇集,民间武艺在对抗中实现融合,形成具有地方特色的武术流派。此外,天津商业的发展与繁荣,也激发了人们对娱乐文化的需求,各地的民风民俗相互激荡融汇,最终形成了独具地方特色的各种民间民俗体育活动。

三、天津民俗体育对大运河文化的继承发展

大运河在历史的长河中留下了丰富的文化遗产,大运河文化遗产中最具有代表性的要数天津皇会。天津皇会之所以能够成为天津的标志性文化,是因为它展现了天津独具地方特色的民俗文化。天津皇会在不断转型和发展的过程中,广泛汲取天津大运河文化中丰富的地域特色,实现了创造性转化与创新性发展,使得天津皇会成为当地多种文化元素的综合呈现。沿运河而来的不同地域的移民文化汇聚于此,借天津皇会这一平台争奇斗艳,展现各自的风采,实现宗教文化与世俗文化的融合与发展,也因此吸引了大量的民众聚集于此,进行商品交换与流通,因而带动了商品经济的发展与文化的繁荣。

传统的天津皇会是一种有组织、有计划并有严格仪式规定的庙会形式,其筹划之精细、措施之完备、会规之严密、等级之分明、仪礼之繁缛,非一般庙会可比,其盛会行事与仪礼程式规范也堪称中华传统文化之典范。天津皇会所有的出会仪式、典礼都异常庄严隆重,不厌繁缛,成为当时"全国各省唯一的神话盛事"。随着运河文化的发展与变迁,天津皇会的仪式内容与形式也在悄然发生着变化,比如,玩艺表演类的内容更加多样且富于变化,因而成为皇会中最精彩也最吸引人的部分,并且在之前的基础上增加了许多新的民俗体育项目,包括鼓乐表演、戏曲说唱、舞艺耍技、寓意造型等表演内容。

我国的民俗体育在一定程度上反映了我国的社会历史、政治、经济、文化、宗教、风俗及心理等形态,它既是现代竞技体育的原型与胚胎,又是现代

竞技运动的基础与补充,是我国传统文化的有机组成部分,也是中华民族灿烂的文化瑰宝①。天津皇会是历史上天津民间民俗文化的延续与传承的成果,然而时过境迁,皇会面临新的时代挑战。我们要努力挖掘传统皇会文化中有生命力的文化元素,积极寻求与现代社会文化环境的契合与发展,促进天津皇会的民俗体育文化传统顺利实现现代化的转型。天津皇会中妈祖祭祀活动包含的民俗体育种类繁多,其中中幡、杠箱、高跷、抬阁、秧歌等项目几乎被完整地保留了下来,而关于鹤龄、十不闲等表演形式只能在历史资料中窥见一斑。天津的大运河文化推动了妈祖信仰的盛行,因而有了规模盛大的祭祀妈祖娘娘的天津皇会,各种民俗体育活动在这里找到了生存与发展的空间,可以说,天津皇会文化的传承、发展与创新是大运河文化繁荣的侧影与展现。

---

① 柯玲,邵荣.中国民俗体育学探略[J].北京体育大学学报,2008(6):760-762.

第三章 大运河文化带天津民俗体育文化特质概念诠释

第一节 文化特质的概念界定及其特定内涵

一、文化特质的概念界定

易小明、乔宇在《民族文化特质对区域协同发展的深层影响探析——以武陵山片区为例》一文中,分析了民族文化特质对区域协同发展的双重影响,剖析了武陵山片区协同发展中存在的问题,提出了民族地区协同发展的文化方向①。孙通则明确指出,文化特质作为一国固有身份的核心要素,是指国家行为体或民族在主体间互动前就已经具有的区别于他国的、具有稳定性的内生文化特质②。郝凌飞认为,各地民俗体育文化普遍拥有诸如地域文化性、庆典愉悦性、区域传承性等文化特性,而民俗体育又可以由物质生活类、娱神祭祀类、岁时节令类、社会民俗类等不同类型组成③。龚建林认为,

---

① 易小明,乔宇.民族文化特质对区域协同发展的深层影响探析——以武陵山片区为例[J].广西民族大学学报,2015,37(1):74-78.
② 孙通.文化特质、角色认知与新时代中国国际秩序观[J].中共济南市委党校学报,2023(1):32-37.
③ 郝凌飞.苏州民俗体育文化研究[D].苏州大学,2016.

体育文化与体育环境应是一个相互联系的有机统一体,它们共同构成一个体育文化生态系统,与此同时他认为体育项目是体育文化的载体①。

美国人类学家克拉克·威斯勒(C. Wissler)在《人与文化》(Man and Culture)中将文化分为四个层次,即文化特质(characteristic)、文化丛结(complex)、文化类型(type)和文化区域(area)。其中,文化特质是组成文化的最小单位,表现为物质文化和非物质文化。他认为:"民族学家研究文化应该从文化特质入手。标准文化特质多的地方为文化区中心,属于独创;文化特质少的地方为外围,属于传播。②"美国学者Gudykunst认为:"与民族地区想要达到成功的沟通,就需要了解彼此的文化特质。"这里的文化特质囊括了对不同文化背景知识的了解③。有鉴于此,本书将文化特质定义为:一个团体在特定情况下受地理环境、文化传承、经济发展等因素影响所展现的特有的思维方式、价值观念和行为模式。

二、文化特质的特定内涵

中国在历史发展的长河中创造出以"儒释道三家合一"为代表的优秀文化以及"兼济天下""天人合一"等中华优秀传统价值观念。这些文化和价值内涵具有积极性、进取性、创新性和开拓性,不仅影响着中国人的思维方式和价值取向,并且借此传播着它的思想性、广泛性和认同性。西方文化则是受到了基督教和欧洲启蒙思想的深刻影响,强调的是一种理性的、科学的思考方式。他们的教育思想就是要让学生学会思考,这样才能更好地保护自己的生命。

总而言之,文化特质与地理环境、文化传承、宗教、哲学信仰、经济发展等因素息息相关。不同地理环境所带来的气候、地貌、资源等差异性,会影响人

①　龚建林.体育文化生态系统的结构与特性[J].体育学刊,2011,18(4):40-44.

②　克拉克·威斯勒.人与文化[M].钱岗南,傅志强,译.北京:商务印书馆,2004.

③　William. B. Gudykunst. Communicating With Stranger [M]. NY:MC - Graw Hill,1992.

们的生活方式、思维方式和价值观念。这些优秀的传统文化蕴含着一个民族特有的精神价值和思维方式以及丰富的想象力,体现着一个民族生生不息的生命力和创造力,是见证历史和传承文明的重要载体。通过历史的发展,不同群体的文化传统、习俗、信仰等都会在某种程度上得到继承和发展,并不断吸收、吸纳和交融,从而形成自身独特的文化特质。不同的宗教和哲学体系会塑造人们的思考方式和行为方式以形成不同的文化特征。

第二节　民俗体育文化特质的界定及其内涵

一、民俗体育文化特质的界定

民俗体育起源于远古先民的日常劳作,是为满足生活需要所从事的生产劳动的一部分,主要集中在军事需求、宗教祭祀和生产劳动等相关领域,主要包括民间歌舞娱乐、戏剧、球类、杂技、马术与魔术等。整理资料发现,民俗体育研究从 2000 年开始逐渐兴起。从广义上来看,民俗体育就是在民族风俗中逐渐形成的体育,但细致探究会发现,民俗体育并非只有表面字义那么简单。民俗体育是在民间风俗或民间文化以及民间生活方式中流传的体育形式,是顺应和满足人们多种需要而产生和发展起来的一种特殊的文化形态。张鲁雅认为,民俗体育是"民俗活动中的体育"①。《体育科学词典》中将民俗体育定义为"在民间民俗文化以及民间生活方式中流传的体育形式,是顺应和满足人们的日常需要产生和发展起来的文化形态"②。陈红新认为,民俗体育是广大民众在日常生活和文化空间中所制造并为广大人民传承的一种

---

① 张鲁雅编.中华体育之最[M].北京:人民体育出版社,1990.
② 中国体育科学学会.体育科学词典[M].北京:高等教育出版社,2000.

集体性的、模式化的传统体育活动①。巴兆祥在《中国民俗旅游》一书中指出,民俗体育是竞技性和娱乐性相结合,以传统节日为高潮,具有浓郁的乡土特色、地域分布与民族特色紧密相连等特点②。涂传飞、余万予、钞群英提出,民俗体育内部有竞技性、娱乐性、依附性、民族差异性、人类共通性等特质,民俗体育外部有历史性、地域性、传承性、变异性和观赏性五点特征③。在国外,民俗一词的最早提出者是英国学者汤普森,他认为民俗是民间智慧或民众知识。

综上所述,本书借鉴《体育科学词典》对民俗体育的定义以及文化特质的定义,归纳、整理了国内外关于民间体育的定义,认为民俗体育文化特质是指民众在长期聚集生活的过程中,将区域特征和地方习俗相结合,逐步形成的一种与其他聚集地不同的体育形态产品和不同于其他聚集地的文化特征。

二、民俗体育文化特质的内涵

在中国深厚的传统文化基础上,民俗体育在历史发展的进程中很多是依据或凭借季节变化、区域环境等因素发展起来的,例如,清明时放风筝、踏青,重阳时登高,端午龙舟竞渡等。同样也有许多民间体育活动是通过依托重大的祭祀活动流传下来的,比如康熙和乾隆"南巡"时形成的民间祭典,随着社会的发展和演变而渐变成为民间祭祀、文体展示和商业活动的重要载体,并演化成了一场由民间自发而成的大规模的民俗民间体育文化活动。总体而言,民俗体育在其历史发展进程中,不断层积、融合成为具有地域性、集体性、传承性、模式化和生活化等特点的体育文化特质或体育文化方式。

---

① 陈红新.江苏省农村初中体育与健康课引进民俗体育的可行性研究[D].苏州大学,2009.

② 巴兆祥.中国民俗旅游[M].福建:福建人民出版社,1999:200.

③ 涂传飞,余万予,钞群英.对民俗体育特征的研究[J].武汉体育学院学报,2005(11):6-9.

第三节　大运河文化带天津民俗体育
文化特质的概念

　　我国地域辽阔,京杭大运河南北全长达1700多千米。因为沿途流经地域广阔,且每个地域(区域)都有自己独特的地方特点与特色,所以,大运河文化带上的民俗传统体育活动多种多样,而且每个地方都有自己独特的传统体育项目。目前,关于大运河文化保护传承利用的研究日益受到各学科领域的关注。然而,在中国知网主题栏中输入"体育非物质文化遗产"并含"大运河"进行检索,只检索到2篇相关文献。由此可见,研究大运河文化带民俗体育的文章还很少。

　　大运河文化带天津民俗体育种类繁复,具有丰富的文化内涵。一方面,近年来天津民俗体育的进步真实反映了天津民俗体育文化在活态中传承、发展与创新;另一方面,运河文化与妈祖文化的耦合集中体现了天津民俗体育文化的独特魅力和多元价值①。谭桂莲等关于大运河文化带民俗体育的概念指出,民俗体育文化作为我国优秀的传统文化,其本就扎根于民俗风情,与各种民俗文化紧密相连,融入人民的日常生活生产当中,从而大运河天津段的民俗体育在一定程度上反映着天津独特的文化基因,也蕴藏着大运河的历史文化积淀②。杨飞指出,大运河文化带的民间体育的娱乐性、竞技性、近水性和历史色彩等都很明显③。例如,天津民俗体育形式多样,主要包括舞狮、杠箱、中幡、放风筝、拔河、跳绳、踢毽、赛龙舟、民间武术、高跷、旱船、舞龙、摔

---

　　① 劳洪涛,高飞,田晓亮,等.大运河文化带天津民俗体育文化传承的困境与纾解路径[A].第十三届全国体育科学大会论文摘要集,2023:469-471.
　　② 谭桂莲,韩硕,高飞,等.大运河天津段民俗体育创新性发展研究[A].第十三届全国体育科学大会论文摘要集,2023:691-693.
　　③ 杨飞.大运河文化带建设背景下宿迁市民俗体育文化旅游开发路径研究[J].武术研究,2022,7(6):91-94.

跤、抖空竹等。这些项目在不断挑战参与者技艺的过程中，也在提升参与者的体质健康水平，同时体现了奥林匹克运动"更快、更高、更强、更团结"的口号。

因此本书将大运河文化带天津民俗体育文化特质定义为：大运河沿岸天津市民在日常生活和文化空间中融合地域特色与当地风俗习惯所创建的，区别于其他聚集地民众所继承的具有集体化、模式化、区域性的传统体育活动所展现的文化特性。

第四章 大运河文化带天津民俗体育构成与典型案例

第一节 大运河文化带天津民俗体育的构成

一、大运河沿线民俗体育事象

天津是一座依水而生、傍水而建的城市,大运河流经天津武清、北辰、红桥、河北、南开、西青、静海 7 个区,形成了独特的运河文化,而且运河沿线也形成了丰富多彩的民俗体育,其中蕴含了运河沿岸人民的生活方式和感情寄托。本研究梳理了大运河天津段现存的民俗体育事象(如表 4-1 所示),并选取其中最具代表性的民俗体育项目进行分析,以期见微知著,深入了解天津民俗体育的发展现状与保护传承情况。

表 4-1 大运河沿线民俗体育事象分布表

地区	民俗体育事象
武清区	永良飞叉、李氏太极拳、八卦掌(高氏八卦掌)、西蒲洼少林会、高王院莲花落(舞蹈)、寺各庄竹马会(舞蹈)、五行通臂拳、河西务孝力高跷

地区	民俗体育事象
北辰区	穆氏花毽、北仓少练老会(杂技)、鲍式八极拳、永新二十四式通背拳、穆氏传统戏法、赵堡太极拳、王秦庄少林功力拳、刘快庄形意拳、闫街少林功夫拳、芦新河少林长拳、查拳(北辰于氏查拳)、刘园祥音法鼓(舞蹈)、虫八蜡庙小车会(舞蹈)、王秦庄同议高跷、上蒲口同乐高跷、宜兴埠永长高跷、北仓随驾狮子
红桥区	回族重刀武术、功力门武术、银炭导引养生功
河北区	乌鸡门武术、天津传统形意拳、天津轮子毽、堤头庆云高跷、中华武士会(形意拳武术)、小关公议高跷、津门重刀三十六式、行云手长仕门武术
南开区	五行通臂拳、群英武学社重刀武术、宫前中幡、武氏郝为真开合太极拳、妈祖祭典(天津皇会)、高跷(南门西乐胜高跷老会)、孙氏太极拳、八卦揉身连环掌、津派道门三绝、五虎杠箱、猿功地趟、金蟾行功青龙太乙十三式
西青区	霍氏练手拳、开合太极拳、津门掼跤(张氏掼跤术)、八极拳(邓店开门八极拳)、杨柳青龙舟
静海区	大六分村登杆圣会、独流通背拳、静海迷踪拳、翻子拳(台头翻子拳)

表4-1是大运河天津段民俗体育的分类梳理,其中有些民俗体育已经被纳入体育类非物质文化遗产。近年来,天津市一直推动非物质文化遗产的申报工作,体育类非物质文化遗产的数量逐年增加。其中,被纳入国家级体育类非物质文化遗产的有武清区的李氏太极拳和永良飞叉、北辰区的穆氏花毽、红桥区的回族重刀武术、西青区的霍氏练手拳和静海区的大六分村登杆圣会六项;被纳入市级非物质文化遗产的有武清区的八卦掌(高氏八卦掌)和西蒲洼少林会、北辰区的形意拳和鲍氏八极拳、红桥区的功力门武术和银炭导引养生功、河北区的乌鸡门武术和天津传统形意拳、南开的五行通臂拳和群英武学社重刀武术、西青区的开合太极拳以及静海区的独流通背拳和静海迷踪拳。

二、天津皇会民俗体育事象

除却散落在各地的民俗体育,聊起天津民俗,不得不提的是妈祖文化。

在南运河与北运河交汇之处有一码头,码头附近有一座天后宫。每年农历三月是妈祖生辰,妈祖庙会举行盛大的皇会。天津皇会有文字记载的历史始于清代康熙年间,1936年中断,新中国成立后1988年重新恢复,并于2008年成功获评国家级非物质文化遗产。皇会不仅是一个民间民俗活动,也会举行大型的艺术表演,每次表演的数目不一,形式多种多样,包括戏剧、歌舞、杂技等内容,许多民俗体育作为表演项目也会在皇会中演出(如下表4-2所示)。

表4-2 天津皇会民俗体育事象分类表

民俗体育	简介
捷兽	捷兽也叫舞狮,根据音乐节奏做出不同的动作
杠箱	用竹杠抬木箱行走,但不能用手,可以用肩、背、胸、喉咙。杠箱包括津南区的得胜杠箱,北辰区的五虎杠箱,津南区的咸水沽杠箱
中幡	竹竿上挂三面小旗,舞动竹竿保持平衡的同时做抛掷,落下时用身体各部位将其接住 中幡有十余道,包括塘沽中幡,汉沽中幡,北辰区的北仓中幡,宁河区的宁河中幡、淮淀中幡,静海区的独流中幡等
重阁	又称节节高,分两层,中青年在下,儿童在上,两三人一组扮演不同的人物。重阁只有静海区的唐官屯。重阁起源于佛教。钹、铙随着音乐做不同的动作,有时甚至将其抛上空中再将其接住
法鼓	河东区:善音法鼓; 河北区:金音法鼓、衣卫桥法鼓; 河西区:杨家庄法鼓、挂甲寺法鼓; 红桥区:同心法鼓、翠韵法鼓、永音法鼓; 南开区:同云法鼓、同乐法鼓; 东丽区:清音法鼓、万新法鼓; 西青区:杨柳青法鼓、九一九法鼓、张家窝法鼓、傅村法鼓、木厂法鼓; 津南区:葛沽法鼓、咸水沽法鼓、双港法鼓、宝辇驾前法鼓; 北辰区:荣音法鼓、祥音法鼓、和音法鼓、诚音法鼓、刘园法鼓
跑落儿	抬着供奉神像的轿子不断地走、跑、起、落

民俗体育	简介
高跷	河东区:沈庄子高跷、娄庄子高跷; 河北区:庆云高跷、民乐高跷、新乐高跷、公议高跷; 和平区:清和高跷、东兴高跷; 红桥区:《金山寺》高跷、勇义高跷、《西池八仙》高跷、百忍高跷、同乐高跷、云乐高跷、神童高跷、同义庄高跷、普乐高跷; 南开区:乐然高跷、乐胜高跷、卫龄高跷、《混元盒》高跷、民乐高跷、同胜文武高跷、云胜高跷、同义高跷、全龄京秧歌高跷、群龄高跷、四杰村高跷、新城高跷、北塘高跷、河头高跷、徐庄高跷、中建高跷; 河西:尖山高跷、陈塘庄武高跷; 西青:杨柳青高跷、傅村高跷、九一九高跷、大寺高跷、王稳庄高跷; 津南:葛沽高跷、青云高跷、咸水沽高跷、小站高跷、八里台高跷、南洋高跷; 北辰:同乐高跷、凌云高跷、北仓高跷; 武清区:河西务高跷、石各庄高跷、汉沽港高跷、泗村店高跷、东蒲洼高跷、王庆坨高跷、下朱庄高跷、上马台高跷、城关高跷、白古屯高跷、徐官屯高跷、河北屯高跷、桐高村高跷、崔黄口高跷、豆张庄高跷、梅厂高跷、大孟庄高跷、双树高跷、大王沽高跷; 蓟州区:许家台高跷; 宝坻区:黄庄高跷、林亭口高跷、大白庄高跷、马家店高跷、大口屯高跷; 滨海新区:塘沽宁车沽高跷、于家堡高跷、大港太平村高跷
清平竹马	跑竹马的一种,根据节奏做出骑马跑的动作。竹马有十余道,包括大港太平竹马、官港竹马;津南区的清平竹马;武清区的城关竹马;宝坻区的马家店竹马、史各庄竹马、赵各庄竹马;静海区的大张屯竹马
秧歌	河北区:窑洼单伞秧歌; 红桥区:大胡同秧歌、双伞阵图秧歌、地秧歌、东北大秧歌; 西青:花盘秧歌; 津南:《渔樵耕读》秧歌、《渔家乐》秧歌、咸水沽《渔樵耕读》秧歌; 北辰区:乐地秧歌; 武清区:河北屯地秧歌、桐高村地秧歌、崔黄口地秧歌; 蓟州区:城关地秧歌; 宝坻区:黄庄地秧歌、八门城地秧歌\八门城旱船秧歌、大白庄地秧歌、马家店地秧歌、史各庄地秧歌、南仁垺地秧歌、牛家牌地秧歌、羊道口地秧歌、何庄地秧歌、糙甸地秧歌、大钟地秧歌、大唐庄地秧歌; 宁河:廉庄秧歌、芦台秧歌、宁河地秧歌、宁河秧歌、板桥秧歌、秧歌小车会、苗庄秧歌、岳龙秧歌、大北秧歌、赵庄秧歌小车会、赵庄秧歌、任凤秧歌 滨海新区:大港太平村秧歌、汉沽秧歌

民俗体育	简介
小车会	河东区:小车会; 河西区:小车会; 红桥区:先春园小车会、北塘小车会、于庄小车会等; 东丽区:旱船小车会; 西青区:小车会
旱船	河北区:武旱船; 红桥区:先春园旱船; 西青区:旱船; 津南区:小站旱船、八里台旱船

　　除了上述表格中的民俗体育之外,天津皇会按时间分段,又可以分为20世纪八九十年代"民间老会"和21世纪初期"民间老会"。由于时代变迁,城市居民的居住环境、生活习惯、职业、娱乐需求等都发生了翻天覆地的变化。2002年,老城区内的各道会已寥寥无几,但也有一些表演的内容会被演绎、改造成为人们的一种日常健身方式;或不曾在皇会中出现的,如秧歌,包括手绢舞、扇子舞、绸子舞等基本都是采用东北大秧歌的表演风格,成为目前普及的一种民间广场艺术。还有南开民间艺术团、天津民间艺术团、小神龙民间艺术团等表演团体,继承并创造性地发展了各个表演会种的表演形式和内容,在一个社团内可集中展演诸如舞狮、中幡、杠箱等多种技艺。昔日"文玩艺"中的戏曲说唱类项目,目前已大部失传;而鼓乐类的法鼓作为最具天津本土特色的表演项目,是当年皇会中数量最多的一个会种,由于技艺、道具等标准要求较高,目前传承下来的也并不多,如河西杨家庄永音法鼓老会、挂甲寺庆音法鼓銮驾老会和北辰刘家园村祥音法鼓老会都是目前保留下来的最为完整的表演老会。昔日皇会中的"武玩艺"——杂耍技艺等,除部分被专业的杂技团体继承外,在市区内的民间表演团体中保留得很少,多数只能在城市附廓及农村地区见到。

第二节　大运河文化带天津民俗体育典型案例

一、国家级体育类非物质文化遗产案例

（一）红桥区回族重刀武术

天津回族重刀的历史可追溯至明永乐年间，相传永乐帝手下有一曹姓将军，手持一柄大刀在北方战场上百战百胜，立下战功无数。1403 年，天下初定，朱棣将河北焦河处的土地划分给曹氏独有，后曹氏一族迁徙至天津红桥区，在此处设立曹家庄，并将家族武学曹门大刀传与族人。此时的曹门大刀仅仅是曹氏一脉的家族武学，并不外传，所以外界对于曹门大刀知之甚少①。回族重刀的中兴者应是第三代传承人曹金藻，他自幼习武，后又练习北少林的各种拳术，集各家所长，自创连环套拳七十二式，被称为回族重刀的中兴者。1920 年，曹金藻在天津开办了一家民众武馆，把回族重刀公开传授给群众，打破了家族传播的壁垒，也扩大了回族重刀在天津的影响力。

1978 年，回族重刀第四代传承人曹克明在武馆的基础上建立了回族大刀花样举重队，常常带领队伍外出表演，满足了近代人的观赏需求，同时提升了回族重刀在全国范围内的影响力。曹克明有两个孙子，曹仕杰与曹仕伟，回族重刀传到此二人手中时，已经在天津享有了赫赫声名。曹氏兄弟二人在重刀的基础上进行了改造与创新。创新之处主要有三。一是以武配乐，回族重刀自古以来都是重视技术套路，从未有配乐先例。二是技艺兼重，苦练武技的同时更加注重艺术性表现，将很多杂技的技巧融入回族重刀的招式中，

---

① 　高飞,屈丽蕊,苏连勇.天津回族重刀武术的保护与发展[J].首都体育学院学报,2014,26(1):7-10.

提高了表演的可观性。三是服装改造,在原有服装的基础上加入铠甲元素,这与回族重刀的历史发展息息相关。曹氏兄弟在创新性发展重刀武术的同时,不断带队到全国各地参加比赛,以武会友,多次在天津市与全国性的比赛中斩获奖项。21 世纪以来,我国开始积极推动申报世界级"非遗"项目的工作,并在全国范围内建立四级"非遗"体系。2006 年 5 月,天津回族重刀武术正式列入国家级非物质文化遗产名录。

发展至今,天津回族重刀尚存在诸多困境。首先是传承人的匮乏。这主要受两方面因素的影响。第一,传内不传外的规矩,回族重刀是家族刀法,长期以来只在家庭内部传承,此规定直到曹金藻开办武馆才被打破。第二,传男不传女的束缚,回族重刀传至曹仕杰之时,徒弟仅有几人,在全国也仅有八人经常练习重刀①,且曹仕杰膝下无子,只能打破规矩将回族重刀传给女儿曹宁,但回族重刀的特点就是在一个"重"字,大刀本身重达百余斤,要求传承人必须有良好的身体素质,大多数人也只能望而却步。第三,保障体系的缺失,一把铁制重刀加装饰品,耗资千元以上,再加上场地器械的维修、外出表演比赛的经费、训练的费用,都需要大量的人力、物力和财力的投入。就目前而言,这方面的投入较少。此外,回族重刀的体积较大,训练所需要的空间随之就会更广,然而目前房价上涨,老房改造,这些都在不断压缩回族重刀的生存空间②。

(二) 河东区拦手门

拦手门是天津市第三批被纳入国家级非物质文化遗产的体育项目,目前由天津市河东区文化馆保护。拦手门又叫"拦手练路",是全国二十八大武术流派中唯——一个起源于天津的武术流派。关于拦手门的起源,学术界存在着多种说法。目前最普遍的一种说法是,明末清初,李金刚在天津大直沽创

① 高飞,屈丽蕊. 国家级非物质文化遗产天津回族重刀武术的保护与发展研究[C]//.体育文化遗产论文集,2014:799-805.

② 李文鹏,白政权.天津回族重刀武术的保护与传承[J].教育教学论坛,2014(10):139-140.

立拦手门武术。在习武过程中,李金刚先后习得了拦手拳和练手拳。在此基础上他反复钻研,多方探求,最终创立了拦手门武术。拦手门传到第四代时,王华兴、张德兴、李兆兴、张大兴等人创立了拦手门武术的习武场"弓箭房"①。至今为止,拦手门武术已经传至第十一代。拦手门经过不断地发展,如今已经成为天津特色武术流派,主要内容有拳类、器械类、对功类以及气功类,其中主要拳法有四种,分别是操拳、翻拳、拦手拳以及炮拳②。在练习时,拦手门初学者可借助外物增加对拦手门拳法的理解,比如打桩、打沙袋、对劈杆、拧罐子以及拧棒子等都是一些基础的借助外物练功的辅助方法。

目前,拦手门的保护与传承尚存在许多问题。首先,武术理论落后。学术界缺乏系统权威的拦手门武术专著,属于较为冷僻的武术流派。其次,传播范围小。就天津而言,目前开设拦手门武术的学校仅四所。加之受西方竞技体育的冲击,越来越多的年轻人不愿练习传统武术,社会习练人数也在不断减少。最后,武术场地设施短缺。拦手门武术的学习与训练,缺乏专业的练习场地。大多数习练者,日常训练都在小区空地或者是在公园开阔地,缺少专门的室内练习场地。场地的匮乏导致传统武术生存空间的压缩,也在很大程度上制约了拦手门的发展与传承。

(三)武清区李氏太极拳

李氏太极拳是由清末武清武术大师李瑞东所创,2014 年被列入国家级非物质文化遗产。李瑞东先生一生跟随多位名师学习武艺,首先拜在河北李老遂门下学习戳脚,随后与王子斌结为兄弟,学习了王子斌的山东弹腿,1880年,李瑞东遇到了太极宗师杨露禅先生的大弟子王兰亭,后王兰亭代师收徒将杨氏太极的精髓传于李瑞东,这也为李氏太极打下了最重要的基础,之后他跟随王兰亭进京遇到了董海川、龙禅法师等武术大家,在互相讨教武艺之

---

① 贾剑飞.天津拦手门武术传承与发展研究[D].天津体育学院,2015.
② 郭彩云.多元文化生态影响下天津传统武术发展研究[D].天津体育学院,2014.

时李瑞东集各家所长于一身,自创李氏太极①,所以李氏太极拳从拳法上看有杨氏太极的影子,又与杨氏太极有所不同。例如,步法,杨氏太极脚由后跟着地逐渐过渡到全脚掌,意为稳重扎实,步法大开大合,而李氏太极是脚尖着地,轻迈轻放,犹如在薄冰上行走,比起杨氏太极,少了一分稳重,多了一分谨慎。这个特点不仅在步法上如此,在手法上也能够体现。其他门派的太极拳的握拳要空,要求不能太刚,所以常常不握实,而李氏太极的握拳是实握,即便是掌法,除大拇指之外其他四指也是紧贴不留缝隙。

从总体上来看,李氏太极分为天盘拳、地盘拳、人盘拳三种类型。天盘拳共三十六式,重点在一个"柔"字,是三种拳法里面的最高级,主练上盘,既可健身,又可实战,具有强大的包容性。然而,天盘拳对练习者的要求太高,即便是李瑞东先生的亲传弟子也只有寥寥几人能够学会,到了第三代弟子就已经失传了。地盘拳共计七十二式,重点在一个"刚"字,主要练习的是进攻,是李瑞东结合太极拳和心意拳所创。地盘拳又被称为太极八法奇门拳,李氏太极有文武之分,地盘拳就是武太极,之所以会分文武,是因为两者重点不同,地盘拳发力大,威力强,讲究离奇闪,刚中带柔。人盘拳共计一百零八式,又被称为太极五行捶。人盘拳改变了以往传统太极半架的弊端,所以又被称为整架太极。人盘拳是三种拳法中的基础拳法,也是流传最广的拳法,重点在于刚柔并济,按照季节又分为四段,因为季节的不同,拳法也有轻重缓急的变化。李氏太极创立之后,经历了几代人的传承,但是由于传人过于保守,李氏太极在前几代传承过程中是非门人不外传的。这种做法导致了传承人的匮乏,但也正是因为这种原因,李氏太极保留了李瑞东先生原汁原味的套路和训练方法,没有受到外来拳种的冲击。目前李氏太极在天津武清共有三个套路,第一个太极五行捶流传最广;第二个是小架,因为要求过高,要有前期的底子才能练成;第三个是中架,这是李氏太极门人中人人皆修的套路。近年来,由于国家对"非遗"和传统文化的重视,李氏太极逐渐发扬光大,甚至

---

① 宋合.武清李氏太极拳述真[J].武当,2016(5):27-29.

走上了国际道路①。

　　李瑞东先生在谈李氏太极拳时提到了两点大忌。一是瞎:心浮气躁,眼睛和动作不能联系,动作散乱,失去了太极的韵味。二是痴:不灵活,为了展示自己的力气常常用力过猛,但是这反而落了下乘,单纯的猛力其实是死力,只会在刚的道路上越走越远,缺少变化。缺少灵活的太极还是太极吗? 太极是力和气相通的,用力过猛会使二者失调。郑昭明先生在谈李氏太极的内涵时,进一步对"瞎"和"痴"进行解释。"瞎"就像人走在漆黑的路上,看不见道路必然会心浮气躁,手脚混乱,两者不能协调用力。"痴"和"瞎"不同的是,同样走在漆黑的路上,"痴"即使走错了也不认为是错,不能安心等待灯火和太阳,只坚持自己认为对的,并且固执地继续向前进,结果就会南辕北辙、适得其反。这样看来,痴练其实比瞎练更可怕,瞎练可以改,痴练只会固执己见,不知悔改。所以,练习李氏太极,需要身体协调,不发死力。因为太极的根在精、气、神,要解决"痴"和"瞎"两点大忌,就要在平心静气上狠下功夫。心务必要保持平和,心平才能气静,气静才能神安,精、气、神三者要保持稳定。体现在身体上,肩部才能放松、身体才能灵活、步子才能稳健。由此可知,李氏太极不是以拳法动作为根基,而是以身心协调为基础,太极之道亦为自然之道②。

　　练习李氏太极有三点诀窍。一是松。不仅是身体放松,还要心理放松。身体放松就好似耕牛犁地,拳才能稳,心理放松如同云卷云舒,意才能明。二者相互依托,相互影响。心理放松需要借助身体放松,身体放松需要借助心理放松,如此才能更沉着。只有放松身体和放松心理二者相互配合,才能以气运身,才能收发自如。二是软。这里说的软是指在打太极的过程中身体各关节能够灵活地转动,并限于全身放松,还要防止因为过软而懈怠。不灵活就会受制于人,导致身体僵硬而产生停滞的感觉,进而整套太极拳看起来不灵活。三是要柔。所谓柔是指在松和软的同时,配合心理放松,这也是李氏

　　① 郑昭明.武清李氏太极拳《内外太极歌诀》探析[J].武当,2015(9):27-28.
　　② 郑昭明.武清李氏太极拳内涵初谈[J].武当,2019(2):22-23.

太极最重要的一点,柔和松其实是所有的拳法都有的两点技巧,并不是太极独有的技巧,只有由松化柔才是其本质①。

(四)武清区永良飞叉

兴起于清代的永良飞叉是国家级非物质文化遗产代表性项目,在 20 世纪 50 年代最为兴盛,是集健身、武术、杂技、舞蹈于一身的传统技艺,颇受当地群众欢迎。王庆坨是一座被誉为"天津西大门"的古镇,有"文化之乡"和"武术杂技之乡"之称。耍飞叉历来被王庆坨人喜闻乐见,属于传统的健身项目。1875 年,张雨新组建了飞叉会;1975 年,第三代传人王庆坨武术世家房永和将武术因素融入耍飞叉套路,新创编飞叉套路几十个;第四代传人吴国良在前辈的基础上,又将飞叉的招式扩展到 140 多个。当地群众为把飞叉技术推向更高的平台,纪念先辈房永和、吴国良对飞叉会作出的贡献,在1993 年将飞叉会更名为永良飞叉会。

永良飞叉由武术套路演化而来,动作刚劲有力,技巧性极强。它需要调整肌肉松紧用力的大小,通过移形换步、上下协调的动作来控制飞叉的重心和速度。所有动作要求身手灵活,一环紧扣一环,手、眼、身、精、气、神要统一协调,并且跟乐器配合,动作健美,花样繁多,滚、爬、旋要求干净利落,尤其哑叉更要掌握一定的技巧。

近年来,永良飞叉多次参加全国大型庆典、体育赛事活动,飞叉表演得到了社会上的高度评价和赞誉。永良飞叉之所以出众,有三个方面的因素:一是永良飞叉符合中华民族传统审美观念;二是永良飞叉以"腿功"见长,有别于其他地区的飞叉招式;三是永良飞叉有自己成熟的技术体系和完整招式套路。

(五)静海区大六分村登杆圣会

登杆圣会,原名"蹬竿胜会",相传源于西汉时期的"猕猴缘杆",即人们

---

① 郑昭明,薛文字.李派太极五行捶内涵浅析[J].武当,2014(8):19-21.

模仿猕猴顺着杆子往上爬,是祈求风调雨顺的一项民俗活动。清乾隆八年,登杆圣会传至天津市静海区大六分村,并成为盛极一时的群众性体育活动,几乎全村的男人都会表演。近300年来,登杆圣会一直在大六分村盛行①。

登杆圣会最重要的表演道具,是一根竹制长杆,当地人称为"神杆"或"龙杆"。高杆、杆墩、铁圈、杆信等构成表演空间,在杆子的下端有木制杆墩,直径80厘米,高40厘米,杆和杆墩用红布缠绕固定,上面有12根用彩色布条做成的粗绳子,用于演出时缠在固定杆子的人的腰间。杆信位于杆的顶端,是一根长1.4米的铁棍,与杆垂直,杆的顶部有一个杆圈,面积在15平方厘米,演员在杆信和杆圈上表演。最初的登杆圣会表演形式就是比较简单的爬杆,随着后续的发展,表演项目逐渐增加,比如蹬鸭、仰鸭、掐鸭、转悠悠、驴打滚、倒香炉、仙人脱衣、单手倒立、耍流星等。登杆圣会的出会时间分别是正月十五和四月初五。正月十五一般是去静海区的城区出会,而四月初五是去位于台头镇里村的药王庙出会。四月初五出会时,男会员会把杆抬到药王庙内的广场上,立好之后,燃放鞭炮,在催阵鼓和钹的敲击声中,开始表演。每次表演都会吸引十里八乡的村民前来观看。

随着时代的发展和生活方式的改变,登杆圣会在传承过程中也曾陷入困境。最初的登杆动作有些已经失传,但还有一部分年轻的杆会人不曾放弃,他们从老一辈口中学习、复原招式,默默地把登杆圣会传承了下来。

(六)北辰区穆氏花毽

花毽,又称穆氏花毽,不仅是天津市北辰区传统体育、游艺与杂技项目,而且是国家级非物质文化遗产。穆氏花毽起源于清朝光绪三年,穆成亮在一次走亲访友中偶然看到院中几位老人在踢毽儿,天生好动的穆成亮被神乎其技的花毽儿吸引,竟不由自主地模仿起来。老人们见穆成亮热情高涨、诚意十足,便把踢毽儿的基本常识和动作倾囊而授。他回到天穆村,就按老人所

---

① 史静.祈雨习俗与文化传承——以静海县大六分村登杆圣会的当代传承为个案[J].齐鲁艺苑(山东艺术学院学报),2016(5):8-12.

授技法,亲自做毽儿,不间断地勤学苦练,终于悟出了踢毽儿的规律和路数。在他带动之下,全家都踢起了花毽儿,越踢越有兴趣,技术也越来越娴熟。父子相承,穆成亮将花毽儿技艺传授给儿子穆祥耀、孙子穆瑞宽。1996 年,穆瑞宽组建了天穆村花毽队,并撰写《花毽八项基本功晋级考核规则》和毽谱,以供练习者参照学习。穆瑞宽逝世后,其子穆怀良正式接手了花毽队。穆怀良担任北辰区花毽协会会长,与天穆小学联合举办花毽培训班,坚持花毽传承要"从娃娃抓起"的方针。

总体而言,穆氏花毽共有八项基本功,分别为一盘踢、二磕踢、三拐踢、四蹦儿踢、五外落儿、六抹踢、七砸踢、八蹁踢。历经百年的传承发展,穆氏花毽形成了"隔网对抗"技术,将舞蹈与踢毽结合形成独特的表演技巧和技术风格。通过参加历届全国农运会和少数民族运动会,穆氏花毽的表演技艺也传播到了全国各地。

(七)东丽区无极拳

无极拳又称无极功,源于清乾隆年间,江南人刘仙岛所创,2021 年,被列入国家级非物质文化遗产名录。嘉庆年间,刘仙岛将无极拳传给河南蔡锦堂,蔡锦堂将无极拳的技术逐步理论化、系统化。为完善无极拳技术体系,蔡锦堂专门到天津学艺,后又将无极拳分别传授给天津第一代无极拳传人王玉珍和天津东丽人范长畏。王玉珍广泛结交天津武术界名家,并公开收徒,师徒相承,无极拳得到社会各界的认可。王玉珍传授徐永庆,徐永庆又传授高铠庭。1931 年,第五代传人高铠庭在天后宫成立"天津特别市无极国术研究社",公开面向社会招收学员,将无极拳正式发扬光大。经过多代的传承,无极拳的技术体系已经很完备,主要包括功法、徒手套路和器械套路三大部分。功法中的十八罗汉功是无极拳的基本功,主要是对罗汉的神情姿态和身体形态进行模仿。

无极拳的练习并非盲目模仿,而是有着多个诀窍。首先,要有一个对身法以及腰部重要性的认识。习武者皆以身法为第一要旨,身体与自己意念要配合,腰部是全身力量的中枢,是身法练成的基础。其次,练习时有"六要六讲"。"六要"为眼要尖、手要快、心要合、身要紧、步要疾、神要贯。"六讲"为手讲螳螂手、式讲罗汉式、腿讲买根腿、力讲三节力、劲讲贯通劲、气讲贯通气。再次,无极拳将发力、用力总结为"九刚十二柔"。"九刚"为顶、抗、填、撞、抖、靠、弹、碰、踹。"十二柔"为粘、联、绵、随、缠、托、捧、缩、滚、拦、推、捋。最后,无极拳在切磋时讲究"生克制化",先发制人。在敌人还未做好准备或者犹豫时,果断出击,发招取胜。

(八) 杂技团戏法

戏法又称古典戏法,属于中国传统杂技。戏法历史悠久,早在汉代文献中就已经详细记载了吞刀、吐火、划地成川等戏法节目的表演场景(见张衡《西京赋》)。汉武帝时的戏法主要用来招待外国使臣,隋唐时戏法开始在民间兴起,至宋代戏法已经普遍出现在"勾栏瓦肆"等娱乐场所,并且出现了规模较大的戏法团体。明清时期,戏法技艺得到传承与发展。清代蒲松龄的小说《聊斋志异》中记载了一种叫作"神仙索"的神奇戏法,表演艺人将一条绳子扔到天空中,小孩子顺着绳子慢慢往上爬直到云端,不见了踪影,不久天上掉下一颗桃子。众人明知是假,看着确实真的。古代"神仙索"的原理一直存在争议,发展到今天基本已经失传了。新中国成立以后,天津杂技团保留了传统戏法的表演项目。

在历史的发展过程中,中国传统技法分化成南北两派。天津是北派戏法重镇,素有"戏法窝子"之称。天津戏法偏重于技巧表现,突出演员与观众交流的重要性。演艺者通常具有较强的临场应变能力,注重传承保留中国传统戏法的技法。清初,张宝清、朱连奎等戏法大家在天津"三不管"等娱乐场所卖艺授徒,促进了天津民间戏法的兴盛。天津杨柳青人朱连奎表演的"古彩戏法"吸引了大量的外国游客,也是他首次将古典戏法带到了美国。张宝清曾在朝廷掌任艺司,后回归天津传授戏法。天津市杂技团的津籍戏法大师王殿英自幼学习古典戏法,16 岁便开始登台表演,曾和戏法大家马国良合作,上演"盘子回托"和"变火炉"等节目。现如今,天津市杂技团的戏法表演艺术家肖桂森16岁师承王殿英学习戏法,是王殿英的唯一入室弟子,也是国家级"非遗"项目"戏法"的传承人。

天津戏法演出具有口彩相连的独特风格。"口"即边说边表演,演艺者表演时口语连珠,幽默风趣,用对话的方式将观众引入表演中;"彩"即变戏法。天津戏法分为大戏法与小戏法。变大戏法需要借助一些重物道具,对于演出者服装也有要求。大戏法代表作有《金玉满堂》《蟠桃献寿》等。小戏法演出是一边表演一边说,主要代表作有《三仙归洞》《仙人脱衣》等。

二、天津市市级体育类非物质文化遗产案例

(一)北辰区高跷

1.宜兴埠永长高跷

永长高跷的历史可以追溯至清朝雍正时期,距今已有近300年的历史。如今宜兴埠的高跷是从东丽区传入的,高跷传入宜兴埠后,由于此处的民俗大多以永字开头,所以当时即被称为永长高跷①。与太极拳严格的门内或家族性组织不同,永长高跷是由村落或街区来组织,人们自愿加入,具有社会闲散性的特点。永长高跷传承人参与这项活动大多是源自个人兴趣,而不是单纯为了竞技。

永长高跷项目的开展具有季节性的特点,冬春两季居多,而传承方式也不是一脉相承而是呈网状传承的模式(其传承谱系如表4-3所示)。至今已有九代传人。在九代传承人的共同努力下,具有浓厚文化底蕴的永长高跷,在2009年被评为天津市非物质文化遗产。

---

① 天津市北辰文化信息网.宜兴埠永长高跷[EB/OL]. http://shop.bytravel.cn/produce5/yixingbuyongchanggao.html.

表4-3　宜兴埠永长高跷传承

	传承人	时间
第一代	贾长生	1809—1882 年
第二代	温俊	1829—1901 年
第三代	刘明	1859—1935 年
第四代	何志泉	1886—1966 年
第五代	白长富	1927 年至今
第六代	陈世强	1946 年至今
第七代	赵辉、陈忠海	1946 年至今
第八代	古金镖	1983 年至今
第九代	赵锁钰	1991 年至今

永长高跷的演出曲目常为"渔、樵、耕、读"题材,代表了中国古代的四种典型职业。"渔"是指渔夫,"樵"是指樵夫,"耕"是指农夫,"读"是指书生。永长高跷有四大特点:首先是长,长有两层含义,一是指流传时间长,二是指高跷的长度,腿长;二是多,指喜欢高跷的人多,每到出会时,围观者人山人海,甚至出现拥堵的现象;三是美,指扮相美和造型美;四是险,这是高跷的高度和高难动作决定的,是有一定危险性的一项民俗体育①。

2. 王秦庄同议高跷

王秦庄同议高跷始于 1911 年,起初是村中居民邀请一位师傅来村中传艺。而成立高跷会是村民共同决定的,所以取名"同议"②。经过几代人的传承发展,同议高跷于 2009 年被列入天津市非物质文化遗产名录。王秦庄同议高跷从传承至今已历五代(其传承谱系如表4-4所示)。

---

① 天津日报. 宜兴埠永长高跷[EB/OL]. http://k. sina. com. cn/article_3546332963_d360bf23020012w4d. html. 2020-11-11.

② 天津日报. 王秦庄同议高跷[EB/OL]. http://k. sina. com. cn/article_3546332963_d360bf23020012qfw. html. 2021-11-04.

表4-4　王秦庄同议高跷传承

	传承人	时间
第一代	柴庆祥	1893—1940 年
第二代	赵学义	1915—1984 年
第三代	李庆林	1908—2002 年
第四代	吕柏林	1938 年至今
第五代	宋洪吉	1966 年至今

进入21世纪以来,国家高度重视发展传统民俗文化,同议高跷在乡镇政府的支持下持续发展、稳步前进,传承方式走上了规范化、科学化、年轻化的道路。首先,高跷会制定了一系列规章制度和档案,成员必须严格遵守会规。其次,在人才培养方面,不再采用传统的师徒传授的方式,而是通过举办培训班来培养新的传承人,并于2013年正式吸纳女性传承人。2018年,高跷会开始走向年轻化的道路,最小的表演者只有四岁[1]。再次,规范化场地器材管理,高跷用到的器械、演出服装、训练场地由专人进行管理维修,对高跷的传承起到了后勤保障作用。最后,创新性发展,同议高跷不再墨守成规,而是紧跟新时代的潮流,在原有套路基础上创新发展新的表演技巧[2]。

3. 上蒲口同乐高跷

上蒲口同乐高跷起源于清朝嘉庆年间,至今有200多年的发展历史。上蒲口位于北运河流域,北运河在清朝是贯通南北的水路主道。1843年,道光皇帝乘船由大运河自北向南路过上蒲口,当时的高跷会正在岸边表演,道光帝于是下船观看了一场演出,看完演出后皇帝龙颜大悦,为高跷会赐名"同乐",意为"与民同乐"。由于皇帝亲自赐名,同乐高跷在当地很快名声大振,

---

① 北辰新闻.万民同乐大联欢花会展演——同议高跷会后继有人[EB/OL]. https://www. sohu. com/a/295896247_120046682. 2019-02-19.

② 天津市北辰文化信息网.王秦庄同议高跷[EB/OL]. http://shop. bytravel. cn/pro-duce5/wangqinzhuangtongyigao.html.

不仅越来越多的村民赶来观看高跷,而且吸引了众多江湖艺人前来拜师学艺。同乐高跷抓住发展机遇不断完善,与王秦庄的同议高跷、前丁庄的聚乐高跷共同担当起传承高跷技艺的重任。同乐高跷传承至今已历六代①(其传承谱系如下表4-5所示)。

表4-5 上蒲口同乐高跷传承

	传承人	时间
第一代	刘俊之父(姓名无从考证)	1798—1878 年
第二代	刘俊	1816—1891 年
第三代	刘庆云	1850—1925 年
第四代	闫树泉、朱士茹	1910—1984 年
第五代	闫树荣、高清海	1927 年至今
第六代	朱永福、王会仁	1935 年至今

上蒲口同乐高跷在历代传承人的共同努力下,如今已经成为家喻户晓的一项民俗体育运动,并于 2009 年正式成为天津市非物质文化遗产。现如今,每逢春节、元宵节,同乐高跷仍然会受到邀请进行演出,深受广大人民群众的喜爱②。

(二)西青区霍氏练手拳

追溯霍氏练手拳的根源,当提大侠霍元甲。霍元甲出生在一个武术世家,原籍天津市西青区小南河村。他继承家传武术,旁采各派之精华,开创了霍氏练手拳。霍氏练手拳又被称为迷踪艺,其实并非霍元甲所独创,而是霍氏祖上数代人共同努力创作的结果。此套拳法集合了少林、鹰爪等各派所长,注重手脚并用,招式严密灵活,发力时刚而不僵,柔而不软,非常讲究。这

---

① 天津市北辰文化信息网. 上蒲口同乐高跷[EB/OL]. http://shop. bytravel. cn/pro-duce5/shangpukoutonglegao. html.

② 天津日报. 上蒲口同乐高跷[EB/OL]. http://k. sina. com. cn/article_3546332963_d360bf230200137wy. html. 2021-11-25.

套拳法注重全身动作与肢体动作相间进行,姿势舒展灵活,长于变化,灵活敏捷,实战中工于技击实用,但难以练好、练精。因为霍氏练手拳,霍元甲在天津、上海等地声名大振。他凭借此拳,力挫外国大力士,一洗"东亚病夫"之耻,令国人扬眉吐气。1910 年,霍元甲联系一大批爱国人士在上海成立精武体操会,立志打破武术界的门派之别,集各家所长,教导国民,强身保国。精武会摒弃原有的保守封闭的师徒传承方式,而是采用当时新兴的班级教学,打破男女隔阂,公开收徒。霍元甲将霍氏练手拳作为授课内容,使得这套拳法在全国范围内广为流传①。20 世纪 60 年代初,霍氏练手拳的名声虽然在武术界名声远播,但对于普通大众来说还相当陌生。直到 20 世纪 80 年代,一部电视剧《霍元甲》的横空而出,霍氏练手拳逐渐进入大众视野。2007 年,霍氏练手拳被正式列入天津市非物质文化遗产②。

在西青区政府和学校等各个部门的共同努力和联合之下,霍氏练手拳很早就进入了校园,西青 24 所中小学已将霍氏练手拳纳入校本课程。2014年,霍氏练手拳进入天津师范大学,融入大学生的生活。传承人霍静虹对霍氏练手拳进行了改版,全套霍氏练手拳共 72 个动作,更加简单易学,也更适合学生在课堂上集体练习。中国武术博大精深,一些拳法是非常考验基本功的,如上文所论述的李氏太极拳,而霍氏练手拳既有局部练习,又有全身练习,能够提升学生所需要的各项身体基本素质。在学校开展霍氏练手拳运动,不仅可以增强学生体质,而且可以传承民族精神。中华文化博大精深,每一个民族英雄都值得我们学习,将霍氏练手拳的代表霍元甲列为榜样,不仅可以弘扬爱国精神,还可以将中华优秀传统文化所蕴含的内涵传递给新一代的青年学生③。除学校开展校本课程之外,活动展示亦可取得很好的效果。

---

① 霍静虹.新时代背景下霍氏练手拳传承中的文化自信探究[J].文化创新比较研究,2019,3(35):48-49.

② 张景岩.李连杰演绎的迷踪拳——电影《霍元甲》拳法动作分析[J].精武,2006(4):17-18.

③ 霍静虹.浅议非物质文化遗产项目霍氏练手拳在普通高校传承的意义[J].武术研究,2020,5(4):57-58.

2019年,传承人霍静虹在北京大学武术交流会中带领各大高校学生练习霍氏练手拳,这一活动为霍氏练手拳的传承带来了新的思路。

1986年以来,西青区分别建立霍元甲故居、园林、纪念馆、中华武林园等旅游景观,被列为天津市爱国主义教育基地。此外,霍元甲武术学校还编排了大型舞台剧《武传奇之霍元甲》,通过3D技术演绎了霍元甲传奇的一生。然而无论是旅游景点还是舞台剧,都没有将霍氏练手拳作为重点项目进行介绍,唯一和霍氏练手拳有联系的,是在展览处供人参观的霍氏练手拳拳谱。武术的中兴,不可不提的就是"武侠小说"。向恺然先生以霍元甲为主线写的《近代英雄侠义传》,开启了武侠小说的热潮,也引发了人们对传统武术的兴趣。近代以来,随着信息技术和互联网技术的迅速发展,产生了一系列关于霍元甲的电视剧、电影等传播样式。20世纪80年代,随着《大侠霍元甲》的问世,霍元甲形象成为健身强国的象征、符号和标识,霍家拳也引起了人们的关注。如今进入新时代,青少年成为未来霍氏练手拳传承的希望,制作青少年喜闻乐见的动漫卡通作品、手游等文创产品促进经济效益和社会效益共赢亦是应有之义①。除此之外,霍家练手拳与文艺作品的结合,也将是霍氏练手拳等中华优秀武术文化传播的一条重要途径。

(三)静海区独流通背拳

独流通背拳又被称为太祖门独流通背拳,是太祖长拳和通背拳相融通后形成的新的武术样式,其特色是"太祖拳通背力"。相传,清中叶,有吕姓夫妻将太祖拳传到静海独流镇。当时的传承人有李登第、李登善、杨学士等人。据《明清民国静海县志》记载:"李登善,独流人,以通臂拳著名,任向荣即为其弟子。"李登第与李登善为兄弟,独流人任向荣得二人亲传。独流人杨学士擅长斩拳,因见任向荣为人孝顺懂事,又能吃苦耐劳,也收他为徒。有独流通背拳"三老传一贤"之说。独流通背拳在流传过程中又吸收了通背拳、少

---

① 霍静虹.天津市武术非物质文化遗产项目霍氏练手拳传承途径的研究[J].文体用品与科技,2020(1):66-67.

林派的精髓,不断趋于完善,既有通背拳的招式,又有少林的风范,于是便有"太祖拳通背劲"的说法。也正因如此,这套拳法的名称多样,可以称太祖拳、通背拳、太祖通背拳,又因其流行于独流镇,又可称为独流通背拳。独流镇位于南运河沿岸,而南运河又是水上交通要线,在清朝末年又常有抢劫事件发生,彼时,独流通背拳起到了强身健体、抵御盗匪、护航安民的重要作用。

独流通背拳传承人,最早可推至李登第,其弟子任向荣对独流通背拳的发展贡献很大。任向荣在京津冀一带名声很大,常与霍元甲等人共同探讨武学。他对独流通背拳的贡献主要表现在以下几点:第一,整理原有零散的太祖门武艺,使其成为一套自成体系的拳法;第二,引入苗刀招式,并加以改善,再融进太祖门;第三,将大杆子引入太祖门;第四,将太祖门发扬光大,扬名立万;第五,注重德艺双修,不仅重视武学修为,更强调培育德行,如以"十愿、十戒"教导门徒。独流通背拳套路主要包括太祖长拳、二十四式、苗刀、双短棍、长棍、关东拳等套路,其中以二十四式、苗刀最为有名①。

独流通背拳传承至今尚存在三大问题。第一,刻意标新立异。有好事者编出通臂二十四式,鼓吹为正统通背拳,攻击其他拳法皆为旁门左道。事实上,太祖门兼收并蓄,套路多样,所谓通臂二十四式仅仅是其中的一种。第二,故弄玄虚,虚假宣传。有人将这套拳法推上神坛,大肆鼓吹这套拳法天下无敌。其实,中华武术源远流长,门派林立,不同门派的训练方法各有千秋,不宜妄自尊大。更甚者,当时还有过通背丹的说法,服之可功力大增,此说法更是无稽之谈。第三,歪曲历史,恶意诋毁。因为独流通背拳是多脉传承,传承人并非一脉单传,也并非家庭传承,故有人借此贬低任向荣一脉。1986年,有人发表文章,编造说太祖门有"单传"和"普传"之说,二者优劣有别。他说,单传无论是训练方法,还是训练内容都比普传高级,意在以此打击静海区独流通背拳的真正传人。实际上,独流通背拳从未有过单传、普传之分,企图用这种低劣的谎言欺师灭祖,是极其可耻的行为②,值得警惕与诫勉。

---

① 静海县志编修委员会办公室.静海县志[M],2003.
② 冷冷.太祖门独流通背拳大师任向荣[J].精武,2009(12):20-22.

三、天津市区级体育类非物质文化遗产案例

（一）河北区花毽

踢毽，源于汉代，盛行于隋唐，鼎盛于明清，在中国流传已有近两千年的历史。天津花毽始于清朝光绪年间，距今也有百年历史。2014 年，天津轮子毽列入河北区区级非物质文化遗产名录。

天津毽子技术分为两派。一派是花毽表演，注重个人能力，因不受性别、年龄、场地、器材等条件的限制，参与人数较多。花毽又分为南北两派，天津是北派的代表，传承方式为口耳相传，流传下来的文字记载很少。近代天津花毽界的翘楚当数周占元，他以"八八六十四腿"和绝技"碟踢"闻名于津。另一派是天津轮子毽，注重的是团体协作。传统踢法是四个人围成一圈，同踢一个毽子。毽子落点不定、变化无穷，一人一腿，毽子在空中飞舞不定，四名队员灵活应对，配合默契，不亦乐乎。天津轮子毽的传人刘世刚，1986 年被聘为天津花毽协会副主席。至今天津轮子毽仍然活跃在全国各花毽集体比赛之中。

（二）南开区宫前中幡

中幡起源于唐宋时期，是一种古老的民间艺术。据最早的文字记载，早在娘娘会时便有了中幡执事，距今已有一千多年的历史。早年，中幡又被称为"大督旗"或是"执事"。有学者认为中幡源于"天后娘娘庙前"的门幡会，门幡会是在各种请神、敬神、祭祀等各种大型活动中所进行的娱乐表演性质的节目。也有学者认为中幡是由幡幢演化而来。"幡"为古代皇帝出行的仪仗，立于军帐之前，幡幢多用于仪仗或军事指挥。后幡幢与乐器、杂技等民间技艺相结合，演变成具有表演艺术性质的中幡。幡按大小分为硕幡、中幡和小幡三类，硕幡的体积和重量一般较大，长度在 12 米以上。为了保证演出的

安全,大部分表演者选用 9 米左右长的中幡来进行表演。据民国"望云居士"与"津沽闲人"所撰《天津皇会考纪》所记载"中幡是高有三丈的竹杆,杆上扯着幡。幡是青缎子面,约 5 尺宽,红布里子。上有旗子二面、灯笼两个、伞三个在上面点缀,并系铃铛多个,为是一动就响"①。

根据发祥地的不同,中幡又分为不同的派别,诸如宫前中幡、安头屯中幡、建瓯挑幡、天桥中幡、正定高照等。不同派别的中幡,对于其发祥地及流传时间的描述又各不相同。宫前中幡,发源于清朝,天津天后宫宫前大街,故命名为宫前中幡。其最早的形式是天津娘娘会仪仗队的旗杆,属于执事,随后慢慢演变为带有表演色彩的民间花会。

宫前中幡的表演形式与其他类别大致相同,都是用身体的不同部位将杆子托举到空中,不断地变换动作,始终保持杆不落地来完成表演。从技艺来说,中幡包括手法(挑端云开垂)和腿法(踢抽盘跪过),不仅磨炼人的力量和胆量,对于技巧性要求也极高。艺人进行中幡表演时,首先将竿子竖起托在手中,舞出许多花样,其表演动作样式各有形象的名称②。中幡表演过程中,不仅要求表演者具有较好的力量,还要求表演者具有高超的技艺与超人的胆量,而且对表演者的平衡能力、心理素质等要求较高。也正因如此,宫前中幡才极具独特的观赏价值。

相传,宫前中幡在历史上失传过一段时间,但经过传统文化热爱者的挖掘与不懈努力,这一技艺才得以重新展现在我们面前。由于这项运动对表演者的身体素质、心理素质、技艺等各方面要求较高,且需要进行长期的训练,再加上幡的制作工艺复杂烦琐,目前在传承方面还存在一定的困难。当前天津师范大学体育科学学院正在搭建传统文化与文化育人的桥梁,致力于将宫前中幡这一传统技艺更好地发展传承下去。

---

① 徐肇琼.望云居士,津沽闲人.天津皇会考纪[M].张格点校.天津:天津古籍出版社,1988.

② 朱艳楠,郑丽.北京非物质文化遗产的保护与发展研究——以天桥中幡为例[J].传承,2014(8):141-143.

第五章　大运河文化带天津民俗体育的独特魅力与多元价值

第一节　大运河文化带天津民俗体育的独特魅力

一、鲜明的民族风格

民间民俗体育活动起源于原始先民的宗教祭祀、生产狩猎、军事训练等集体活动。随着社会的变迁,这些活动逐渐脱离原来的社会文化背景,而具有了健身、娱乐的社会功用。不同的宗教信仰、生产方式、生活方式造就了各具地域与民族特色的民俗体育活动。民俗体育活动随着不同时代政治背景的变迁而变化,并与当时的经济、文化,甚至与当时的社会形态息息相关。在奴隶社会和封建社会形成的民俗体育文化,不可避免地带有特定的宗教观念与阶级意识,甚至基于神道设教的政治目的,同时往往代表了社会底层的广大民众对美好生活的憧憬与希求。从另一方面来讲,中国辽阔的地域使得不同地区之间地理分布、资源分配、气候环境等因素存在巨大的差异,南方的湿热与北方的严寒,东部的人烟稠密与西部的地广人稀,造就了带有独特的地域风情和民族特色的地方民俗体育项目。

我国东北地区气候冷冽、冰雪资源丰富,生存在东北地区的满族依托冬捕、冬猎、冬祭等日常的生活和民俗习惯,创造出了富有独特民俗文化特色并兼具休闲娱乐功能的冰雪项目①,同时涵养出东北人的豪爽气概与勇武的精神。而南方地区气候温和,风景秀丽,温润的气候孕育出诸如黎族竹竿舞、佤族木鼓舞等具有欢快旋律的民俗体育活动,也催化出南方人温和、细腻的性格特征。当然,只有适应时代要求、顺应历史发展潮流的传统体育项目,才能在历史长河的淘洗中流传下来,成为大众认可的中华优秀传统体育文化。天津是一个以汉族为主、多民族散居的移民城市,民俗体育项目也呈现出丰富多样的文化形态。如回族重刀武术以及福建妈祖文化中的一系列民俗体育项目等都是随着大运河文化的变迁植根于天津这块沃土之中,生根、发芽、发展壮大起来的。天津的传统民俗体育活动积淀了深厚的文化底蕴,承载了世代相传的民族情感,也浸润了独特的运河文化元素,成为天津一张标志性的地方名片与文化符号。天津的民俗体育既融合了不同地域色彩的文化,也蕴含着丰富深厚的运河文化。而丰富多彩的民俗体育活动的不断开展也在不断展示着天津独具特色的民风民情,表达生活在这方热土上的人们的强烈自豪感和民族归属感。

二、神秘的运动项目

民间民俗体育项目多带有内在的神秘性。这种神秘性可以从两个方面进行解释。第一,源于对神灵的敬畏。民间民俗体育大多与某种宗教观念或鬼神信仰紧密相关联,多通过民俗活动的流程安排以及礼仪着装来体现这种敬畏之情。例如,天津的高跷表演,其历史可以追溯至三百多年前。高跷表演通常以自娱自乐和娱人娱神的形式出现,在表演时有严格的规定流程。天津高跷从形式上又可分为文高跷、武高跷和礼仪高跷。文高跷与武高跷的区别主要在于木拐的高低和表演风格的不同。文高跷的木拐较低,内容以传统戏曲中丑角的滑稽表演为主;武高跷的木拐较高,内容以特技表演为主,体现

---

① 李本一,柴娇. 我国东北民俗冰雪项目发展研究[J]. 体育文化导刊,2020(8):68-72.

为勇武的风格。礼仪高跷是天津民间独有的一种专门为酬神、祝寿等庆典进行表演的民俗体育活动，表演者身罩仿各种生灵、动物造型的大型扎彩道具，仪表庄重高雅，稳踏云步，口颂吉歌，以庄重肃穆的情感表达出对神灵的虔诚与敬畏①。第二，体现为各类民俗体育活动中的民间禁忌。例如，天津子牙河边的大六分村始创的登杆胜会，其中有一条虽然没有严格规定但人们却共同遵守的禁令，即女人不可以触摸龙竿②。再如舞狮，因为狮头通常被认为是神圣的化身，在表演过程中要避免狮头直接接触地面，以示尊重。以上两个方面突出强调了天津民俗体育项目内在的神秘性。还有一种外在的表现也可以体现它的神秘性，即民俗体育的稀缺性，天津的某些民俗体育项目带有鲜明的民族性和地域特点，有些项目对时令也有特殊的要求。对外地人来说，这种闻所未闻的传统民俗项目以及新颖别致的运动方式，是具有强大吸引力的。

三、综合的信息交汇

大部分民俗体育项目的背后都有丰富的典籍、神秘的故事和周到的礼仪，表现出天津民众丰富多彩的生活和既庄重严肃又生机勃勃的民间传统习俗，可以说，天津民俗体育文化是天津社会生活变迁与发展的缩影。天津是一个应水而生的城市，也是一个多民族聚居的城市，大量的外来人口通过水路交通和陆路交通流入此地，四方文化也辐辏于此。随着明代在天津筑城设卫，天津漕运发展迅速，凭借着独特的地理优势，天津成为"汇南北舟车，集八方商贾，迎海运漕粮，纳吴越百货"的华北商业中心③。大量人口的流动不

---

① 天津市地方志编修委员会办公室，天津天后文化传播交流中心编著.天津市志·妈祖文化志[M].北京：方志出版社.2019：339-342.

② 天津市地方志编修委员会办公室，天津天后文化传播交流中心编著.天津市志·妈祖文化志[M].北京：方志出版社.2019：366.

③ 天津市地方志编修委员会办公室.天津市志·民俗志[M].天津：天津社会科学院出版社.2006：3.

仅带动了天津工商业的繁荣,也为天津民俗文化的发展带来了难得的机遇。

从全国各地前来天津讨生活的手艺人,为这个地区带来了四方方言、饮食、民风民俗与生活方式等地方民俗文化元素。天津运河文化的包容性使得这些异质文化元素在不断地冲突与碰撞中实现了融合、创新与发展,进而形成具有地方特色的民俗体育项目。在传统的民俗节日庆典中,由宗教祭祀、军事活动、生产实践、休闲娱乐演化而来的民俗体育项目精彩纷呈,使天津的民俗集会、皇会成为一个综合的民俗文化信息的交汇处,全国各地的"好事者"纷至沓来,其他地域相关的民俗体育项目也闻风而动,不远千里前来津城"一较高下"。20世纪初,西学东渐,西方体育思想强势入侵,西方的"洋"体育不断冲击和碰撞中国的"土"体育,威胁着民俗体育的生存和发展①。面对西方强势的"掠夺"式霸权文化,我国的"乡土"文化的生存与发展受到巨大冲击,生存空间被压缩,处境极为艰难。新中国成立以后,民俗体育不断吸收西方体育思想的精华,积极寻求与新时代的契合与发展。随着我国经济的发展与人民生活水平的提高,人们的健康观念也在悄然发生转变。承载着深厚的民族文化、地域特色的地方民俗体育随着我国国际地位的提高,再次成为民众健身娱乐的备选,成为我们建设文化强国的抓手。

四、独特的求偶功能

在古代,诸多传统的民俗活动担任着"红娘"的重任。如每年的农历"三月三"是中华民族一个重要的传统节日——上巳节,也被称为中国的"情人节"。"三月三"普遍流行于少数民族地区。例如,壮族人民在农历"三月三"这一天会举办歌会,男女青年以对歌、碰彩蛋、抛绣球等方式寻找心仪的对象并传达自己的爱意②。黎族人民称"三月三"为"孚念孚",是年轻的姑娘、小

---

① 张国栋,刘坚,李运,等.我国民俗体育发展现状及对策研究[J].西安体育学院学报,2008(1):4-7.

② 李振鹏.壮族"三月三"的起源、功能、传承现状与发展对策[J].长江师范学院学报,2021,37(6):80-89.

伙自由交往的日子。入夜后，年轻男女点燃篝火，伴随着欢快的箫鼓乐声载歌载舞直到深夜。因此人们又称之为"谈爱日"①。布依族称"三月三"为"香尚"，布依族青年通过甩花包、吹木叶、吹勒尤、对唱竹筒情歌等形式，选择心上人进行"浪哨"活动，以表达自己的爱意②。侗族"三月三"为传统节日"花炮节"。"花炮节"传承至今已有数百年历史。燃炮后，数以百计的侗族男青年在芦笙队的表演声中赤裸上身蜂拥而上，皆以抢得花炮为荣③。侗乡流传有这样一首强调抢花炮独特功能的诗歌："侗乡三月风光好，天结良缘抢花炮。要得侗家姑娘爱，花炮场中称英豪。"④如今抢花炮运动因强烈的对抗性、娱乐性和独特的民族魅力而在全国范围内推广开来。总体而言，少数民族地区的"三月三"节俗庆典，许多传统"非遗"和特色美食，不仅吸引了大批游客，更唤醒了人们对民俗的美好记忆，通过文化的力量，为当地文旅融合发展注入了新的活力。在广袤的汉民族地区，"三月三"实质上是由"上巳节"演化而来的民俗节日⑤。由于寒食节、上巳节、清明节三个民间节日的日期相近，因此逐渐合并成为我们所熟知的"清明节"。北宋画家张择端所作的《清明上河图》既表达了当时汴京民众清明时节结伴郊游、赶集、扫墓等真实生产生活场景，也揭示了北宋时期人民在清明时节参与荡秋千、蹴鞠、打马球等民俗体育活动的盛况⑥。在这些传统的民俗节庆活动中，青年男女穿上节日的盛装，一方面通过参加民俗体育活动和各种互动游戏来展示自己的才能以吸引异性的关注，邂逅自己心仪的对象；另一方面，通过或婉约含蓄或热

---

①　周翔.海南黎族、苗族"三月三"节日习俗演变及现状[J].广西民族师范学院学报，2012,29(5):12-15.

②　毛天松.布依族"三月三"节日文化研究[J].科教导刊(中旬刊)，2012,(18):246-247.

③　何平.在现实中找寻历史——一次侗族"三月三"花炮节的采风叙事[J].中国音乐，2009,(1):154-156.

④　韦晓康.抢花炮仪式文化的生命力及功能解析——广西柳州三江县抢花炮活动实证调研[J].中央民族大学学报(哲学社会科学版)，2011,38(6):102-108+161.

⑤　郝瑞瑞.消逝的上巳节[D].南京艺术学院，2017.

⑥　储建新.《清明上河图》与宋代休闲体育[J].体育文化导刊，2009(5):87-89.

情奔放的诗词歌赋来表达自己的爱慕之情,期望收获一段怦然心动的热恋。古往今来,在大运河天津段广大地区同样盛行"三月三"节庆活动。在这一天,当地民众除了祭祀先祖、祈求平安之外,也发展成为年轻男女出门踏青、游山玩水、男女相会、谈情说爱、求偶配对的民俗节日。

第二节　大运河文化带天津民俗体育的多元价值

一、维系民族团结的重要法宝

民俗体育文化作为一种意识形态,不仅是在我国广袤的地理环境、多样的经济模式、独特的政治架构下形成的文化现象,而且是中华民族的重要特征,是中华民族永葆生命力和创造力的源头活水,是连结民族情感、维系国家统一的重要基础。我国的民俗体育文化是历史和社会发展的产物。古往今来,人们在特定的时间、特定的地点,通过民俗体育活动这一重要载体来表达对祖先的纪念之情和对美好生活的向往之意。中华文明五千年的文化积淀使得民俗体育文化具有丰富的内涵意蕴,既赋予了中国人民以精神上的支撑,也以润物细无声的方式不断同化外来文化,在兼收并蓄的过程中形成自己的特色,使之成为维护民族团结、铸牢中华民族共同体意识、增强中华民族各族人民凝聚力和向心力的重要文化支撑①。实践证明,民俗体育文化作为一种精神纽带,其所拥有的丰厚的民族文化、多样的民族习俗、严格的礼仪规范和道德操守被中华民族共同遵守。毫不夸张地说,正是这种文化本质的认同,加速了中华民族的团结与融合。费孝通先生指出:"中华民族是由许许多多分散孤立存在的民族单位,经过接触、混杂、联结和融合,同时也有分裂

---

① 黄芸芸.传统民俗节庆文化在铸牢中华民族共同体意识中的实践探究[J].商业经济,2023(2):154-156.

和消亡,形成一个你来我去、我来你去,我中有你、你中有我,而又各具个性的多元统一体"①,进而建构起各族人民"休戚与共、荣辱与共、生死与共、命运与共的人类命运共同体理念"②。毋庸置疑,天津民俗体育文化也是在中华民族的"接触、混杂、联结和融合"过程中萌生、发展和演变过来的,而且在这个渐变过程中积极主动地糅合了大运河独特的文化元素,进而形成具有天津特色的、维系民族团结的民俗体育文化。

二、坚定文化自信的重要支撑

中华民族有"超百万年的文化根系,上万年的文明起步,五千年的古国,两千年的中华一统实体"③。中华文明有着深厚的民族文化底蕴,历史传承绵延久远,而历史四大文明古国中唯有中华文明延续不断④便是明证。中华优秀传统文化是中华文明得以传承至今的"根"和"源",在长达几千年的历史发展进程中,中华优秀传统文化哺育了一代又一代中华儿女,涵养了整个中华文明史。众所周知,文化认同是最深层次的认同⑤。中华民族文化拥有可以认同的共性,但与此同时,各个地区、各个民族的文化也充满了独特的个性。也正是这种共性和个性的结合,才推动着中华民族文化不断进步,不断向前发展。民俗民间体育活动是淳朴的中国人民在长时间的生产、生活过程中产生,在历史的不断积淀中传承与发展起来的。可以说,民俗体育是一个民族深厚的文化积累,是一个民族独立于世间的文化自信的外在表现,是中

---

①　费孝通.中华民族的多元一体格局[J].北京大学学报(哲学社会科学版),1989(4):3-21.

②　中共国家民委党组.以铸牢中华民族共同体意识为主线　推进新时代党的民族工作高质量发展的纲领性文献[N].人民日报,2021-11-08(012).

③　苏秉琦.中国文明起源新探[J].读书,2019(12):84.

④　胡仕坤.文化符号视域中的中华民族共同体认同[J].河南师范大学学报(哲学社会科学版),2022,49(4):109-115.

⑤　人民网.习近平参加内蒙古代表团审议[EB/OL].http://jhsjk.people.cn/article/32043978.2021-03-05.

华传统文化的优秀代表①。民俗体育作为传统的体育项目,具有丰富的文化内涵和文化价值。近年来,国家不断加大民俗体育类非物质文化遗产的保护力度,文化遗产的保护理念、保护模式、保护方法不断升级。有鉴于此,传统民俗体育逐渐打破特定的时间和地域的限制,令越来越多的人开始接触民俗体育文化、爱上民俗体育文化。天津作为充满悠久历史和文化底蕴的城市,应水而生又因水而兴,而深厚的大运河文化的融汇造就了天津特有的民俗体育文化。天津市在清明节、国庆节、春节等重要节日庆典期间均会开展高跷、捷兽、中幡、杠箱、法鼓、重阁、跑落儿等民俗体育活动展演。这些从历史长河中走来的独特民俗体育文化——高跷、捷兽、中幡、杠箱、法鼓、重阁、跑落儿等——毫无疑问承载了天津人民坚定的文化自信和永久的文化魅力,不仅受到天津人民的热烈追捧和积极参与,而且展现出了天津人民的精神风貌和时代风采。

三、加速文化创新的重要源泉

2013 年 12 月,习近平总书记在中共中央政治局第十二次集体学习时首次提出,要"努力实现中华传统美德的创造性转化、创新性发展"。在此之后的几年时间里,习近平总书记在重要场合和会议中多次重申"要坚决实现中华传统文化的创造性转化和创新性发展"。毋庸置疑,这为中国文化建设提供了明确的目标指向与实践遵循。习近平总书记指出,要将中华文化"以人们喜闻乐见、具有广泛参与性的方式推广开来,把跨越时空、超越国度、富有永恒魅力、具有当代价值的文化精神弘扬起来,把继承传统优秀文化又弘扬时代精神、立足本国又面向世界的当代中国文化创新成果传播出去"②。拥

---

① 张华江,李萍.文化自信与文脉赓续:民俗传统体育文化融入高校通识教育课程体系探析[J].广州体育学院学报,2021,41(5):58-62.

② 习近平.建设社会主义文化强国 着力提高国家文化软实力[EB/OL]. http://news. cntv. cn/2014/01/01/ARTI1388523932701912. shtml. 2014-01-01.

有 2500 多年历史脉络、绵延近 3200 千米的京杭大运河从空间上贯穿了海河、黄河、淮河、长江、钱塘江五大水系，将燕赵文化、齐鲁文化、吴越文化三大文化串珠成链，以一条"文化玉带"串联起沿岸无数物质文化遗产和非物质文化遗产①，顺大运河而来的大量优秀民俗文化齐聚天津，不仅使得天津民俗体育丰富多彩而又独具魅力，而且使得天津民俗体育文化具有极强的吸纳性、融合性。多元融合的民俗体育文化恰如化学反应中的不同元素，而习近平总书记对中华优秀传统文化的阐释则犹如化学反应中的催化剂，能够急剧加速民俗体育文化元素的创造性转化、创新性发展。刘德龙和朱以青指出，"非遗"传承保护与改革创新要与民众的生产生活高度联系②。借此，生存在当下的天津民俗体育，毫无疑问是活态形式的体育类非物质文化遗产③，故而其传承保护和利用需要紧密结合民众的日常生产生活，实现其创造性转化与创新性发展，从而为我国的文化强国、体育强国、健康中国建设进程添注新的精神与活力。

四、促进人的全方位综合发展

诚如所知，"体育"一词还没有传入我国语境以前，人们普遍用"传统武术""民俗游戏"等术语来形容我国的民族民间民俗体育活动。天津民俗体育活动自然成为当时的天津人民开展体育健身的凭借与支撑。因此，天津民俗体育除了拥有现代体育"强筋骨、增知识、调感情、强意识"等功能之外④，还蕴含着丰富的礼仪思想和道德规范，它们从身体、能力、社会关系三个层面共同促进了民俗体育传承人的全方位发展，最终实现人的"身心并完"。就

---

①　新华网.习近平的文化情怀——"大运河是祖先留给我们的宝贵遗产"[EB/OL].ht-tp://www.news.cn/politics/leaders/2022-07/19/c_1128845450.htm.2022-07-19.

②　刘德龙.坚守与变通——关于非物质文化遗产生产性保护中的几个关系[J].民俗研究,2013(1):5-9.

③　朱以青.传统技艺的生产保护与生活传承[J].民俗研究,2015(1):81-87.

④　毛泽东.体育之研究[M].北京:人民体育出版社,1979.

强身健体层面而言,天津民俗体育虽然所含拳法众多,但是这些拳法共同秉持"内练一口气,外练筋骨皮"的修炼原则。而"内练一口气,外练筋骨皮"是习武之人最真实的价值取向和实践追求。"内练"对应"外练","一口气"对应"筋骨皮"。从哲学上讲,这是内与外、形与神的对立统一。以形养气,以气整形,二者相互依赖又相互影响,最终实现强健体魄和修身养性之目的①。就个人能力而言,民俗体育传承人的经济收入和社会地位与其个人技艺(法)掌握能力呈正相关。实践证明,在一些重大的节日庆典上,民俗体育展演的组织者与主持者大多是德高望重、德艺双馨的"老前辈"。这不仅是出于对这些"前辈"的尊重之情,也是对其个人技艺(法)掌握能力的充分肯定。俗话说"一法通,则万法通"。虽然任何单一的民俗体育项目便是其中的"一法",但是"这一法"中无不蕴含着德、智、体、礼等诸多方面,而人的全面化、综合性发展正是由这些基本要素共同架构而成。有鉴于此,熟练习得与掌控任何一种民俗体育技能均能达至促进人的全面发展之功效。就社会关系层面而言,天津民俗体育活动展演无不依托节日庆典、皇会、庙会等大型社会活动。而天津市规模宏大的民俗庆典、皇会、庙会等民俗民间文化活动,作为广泛的社交平台与媒介,均会吸引大量的本地百姓和外地游客"蜂拥而至""纵情欢赏"。如此一来,不仅能够带动天津市经济的发展,而且能够丰富人们的精神文化生活,同时也能够使得民俗技艺在交锋、交往、交流中接续丰富与完善。

总体而言,人类的历史是不断发展的多元化的历史,是各种文化相互碰撞的历史②,是多重功能价值交流、汇聚、融合的历史。天津民俗体育作为天津特有的文化呈现形式,是古往今来的日常生活积淀形成的行为文化,具有独到的文化价值和文化特质。实践证明,各种民俗活动不论如何发展、变化,皆脱离不开社会的联系且受制于社会活动,皆是行为文化的产物。而产生于

---

① 王娟. 论中国传统养生体育的核心理念与价值[J]. 体育科技文献通报,2022,30(9):124-125.

② 许嘉璐. 文化的多元和中华文化特质[J]. 社会科学战线,2013(7):22-25.

大运河文化带的天津民俗体育,受中国传统文化思想之影响与熏陶,逐渐形成与中华民族文化有着异曲同工之妙的文化特质①,下面是从物质、制度、精神与行为四个方面加以阐释与解读。

---

① 满现维.论中国武术的技术文化特质[A].2015 年全国武术论文报告会论文集(上),2015:50-53.

第六章　大运河文化带天津民俗体育的文化特质

第一节　大运河文化带天津民俗体育之物质文化特质

一、庄严神圣性

儒、释、道各成体系又相互耦合致使天津民间崇拜广泛而又庞杂。祖先崇拜、自然崇拜、动物崇拜以及民间俗神崇拜等林林总总,共同承载并综合影响着天津人民的精神信仰。在诸多民间信仰中,天津人尤为敬重妈祖。"先有娘娘庙,后有天津卫"便是天津人尊崇妈祖的真实写照。据传,妈祖原名林默,出生于福建莆田湄洲岛,自幼孝仁悌、通天文、懂气象、力超群,能够观世音、知福祸,护乡邻,渡众生、播盛名,后却罹于海难①。妈祖逝世后,当地民众将妈祖故事神化,赋予妈祖神格,并借助传说故事表达对妈祖的怀念和敬仰之情。人类的敬仰崇拜造就了妈祖的神圣与伟大。不知不觉间,妈祖成为我国东南沿海百姓祈愿、求福的女神。元代,妈祖信俗得到朝廷推崇,促使

---

　　①　天津市地方志编修委员会,天津天后文化传播交流中心.妈祖文化志[M].北京:方志出版社,2019:56.

凡海运漕运关涉之地,无不建有妈祖庙。这也为妈祖信俗顺延大运河进入天津卫提供了契机①。行至当下,妈祖信俗成为天津人民的共同信仰和独特文化标识。依托于此的天津皇会也成为妈祖信俗代表性历史文化遗产。每逢农历三月的天津皇会(原称"娘娘会"或"天后圣会"),庄严神圣的妈祖神像就会被请出天后宫(娘娘庙),然后乘坐庄严华丽的銮驾出巡降福。相伴妈祖巡游的,不仅有各方的虔诚信众,更有盛大的民俗体育展演相伴助兴,共同期盼国泰民安、风调雨顺、五谷丰登。而民俗体育展演参与者的服装、道(器)具、旌幡,乃至行头、脸谱、仪仗什物等无不体现出庄严神圣性。

二、多重效益性

民俗体育作为中华优秀传统文化的典型代表,与传统节日庆典以及庙会、皇会、花会等民族民间活动密不可分,紧密融嵌进人们的生产与生活。天津民俗体育事项作为独特的社会实践活动,在长达几千年的层积与流变过程中有机融入杨柳青木版年画、天津皇会、天津泥人张、天津面塑、天津葫芦等非物质文化遗产,催生出独特的经济价值和社会效益。然而近些年来囿于工业文明的激烈冲击以及市场化、城市化之利润至上逻辑的蛮横挤压②,大运河沿线天津市传统村落、乡镇民俗体育演练必不可少的刀、枪、棍、棒,鼓、锣、磬、镲,中幡、杠箱、高跷,秧歌服、旱船装、舞狮服等器械、道具和服装等物质文化遗产的显性经济价值一度大大消解,甚至陷入"赔本赚吆喝"乃至"无人问津"之窘境。进入21世纪以来,随着我国于2003年签署加入联合国教科文组织《保护非物质文化遗产公约》以及2005年《关于加强我国非物质文化遗产保护工作的意见》的颁布实施③,中国社会文化心理发生显著变化,人们

---

① 李昕.元明清时期胶东妈祖文化研究[D].鲁东大学,2023.

② 高飞,屈丽蕊.天津回族重刀武术的保护与发展[J].首都体育学院学报,2014,26(1):7-10.

③ 国务院办公厅.关于加强我国非物质文化遗产保护工作的意见[EB/OL]. http://www.gov.cn/zhengce/content/2008-03/28/content_5937.htm.

越来越自信、坦然地回归、认同甚至是"乡愁式"地迷恋中华民族优秀传统文化。与此相应,诸如李氏太极拳、无极拳、练手拳、通背拳、飞叉、花键、高跷、登杆等众多具有鲜明运动属性和炽热体育内核的天津民俗体育活动自然也备受国人青睐。近年来,国家鼓励和支持发挥包括天津民俗体育在内的体育类非物质文化遗产资源的特殊优势[①],在尊重其原真形式和有效保护的基础上,合理利用体育类"非遗"资源开发具有地方、民族特色和市场潜力的文化产品、文化服务和文旅活动等[②],将"非遗"资源优势转化为产业优势和经济优势,不仅能够提高其文化品质和时代内涵,而且能够提高地方知名度与影响力,打造文化品牌与标识,创造社会效益。

新时代,天津正致力于紧扣需求侧要求对其民俗体育事象进行合理的产业化、商品化和市场化规划与开发,通过互联网技术,因地制宜发展、打造并供给大运河文化带天津"民俗体育+健身""民俗体育+康养""民俗体育+旅游""民俗体育+农业""民俗体育+电商""民俗体育+研学"等业态[③],形成集健身、运动、康养、旅游、观赏、营销、宣传、服务、创新于一体的民俗体育多元化发展新格局。一方面,多样化展示了天津民俗体育文化、传统技艺和民俗风情,激活优秀民俗体育文化生命力、创造力与衍生力;另一方面,实现了天津民俗体育可习练、可观看、可健身,可交流、可交互、可交易,可开发、可创造、可衍生。

三、休闲娱乐性

娱乐性是诸多传统器具在民俗体育展演中集中体现的生动特性。例如,法鼓,作为天津市特有的一种鼓乐表演形式和天津皇会行会中的关键会种,

---

① 国务院办公厅. 国家级非物质文化遗产保护与管理暂行办法 [EB/OL]. https://zwgk. mct. gov. cn/zfxxgkml/zcfg/bmgz/202012/t20201204_905294. html.

② 中华人民共和国第 11 届全国人民代表大会常务委员会. 中华人民共和国非物质文化遗产法 [EB/OL]. https://zwgk. mct. gov. cn/zfxxgkml/zcfg/fl/202012/t20201214_919523. html.

③ 侯喜保. 处理好文化遗产保护与利用的关系 [N]. 光明日报,2023-04-11.

因其在天津皇会展演中常伴"天后娘娘"华辇左右,而被称为"半副銮驾"。不得不说,祭祀仪式是中华民俗独特又传统的文化形式之一,自古就流传在中华大地上,是古代人民与"神灵"沟通的一种方式,承载着人民的信仰和祈福之情。天津法鼓会数量众多,其表演所用乐器除了鼓、钹、铙、铛、铬五种之外,各法鼓会又添置了诸如扎彩、灯饰和带有茶炊子的装饰等以突出各自表演特色①。表演挑担子时,有些艺人甚至全程不用手扶,而是依靠身体各部位的平衡和协调来走鼓点,担子颤得既优美又灵动,足以看出其功夫之深厚、技艺之高超,极尽赏心悦目之能事。值得一提的是,为了获取民众的兴趣与关注效应,各法鼓会特意借助民间传说、历史典故或宗教故事等来为其会名作注解,例如,永丰屯公议香斗法鼓老会便是依托民间迎神传说而出会,以表达对圣母的尊重和崇敬。如今随着城市化进程加快与人民生活水平逐渐提高,人们主动参与传统宗教活动的意愿与机会越来越少,因此,民俗体育的宗教祭祀属性渐趋消退。取而代之的是,在现代消费观念的影响下,人们更多地将传统民俗体育的祭祀仪式视为休闲娱乐活动。毋庸置疑,这种转变给民俗体育带来了更多的娱乐、休闲与消费属性,但在商业化和资本逐利性的影响下,民俗体育不可避免地流失掉一些传统文化元素。总体而言,民俗体育文化由宗教祭祀性转向休闲娱乐性不仅是历史性变化,也是时代化选择。尽管这种变化给民俗体育的"原真性"带来了一定冲击,但也为民俗体育传承与发展带来了新的生机与活力。

四、求实致用性

传统民俗有两大特征:一是民俗为民众所创造;二是民俗具有传承性。也就是说,民俗诞生于民间,发展于民间,通行和传承于民间,是独属于民间的文化活动。任何一种民俗活动都是在人们长期生活、共同遵守中逐步形成

---

① 天津市地方志编修委员会,天津天后文化传播交流中心.妈祖文化志[M].北京:方志出版社.2019:328.

的习俗,是世代相习的传承性事项,受历史文化、宗教信仰、生产方式等多重因素的影响与制约。民俗体育作为传统民俗的下位概念,自然既具有传统民俗的普遍性,又具有区别于一般民俗的特殊性。与此同时,开展民俗体育活动所使用的器具,作为民俗体育的载体和延伸,自然继承了民俗体育的实用性特质。以叉为例,一方面,叉作为一种劳动工具,已有五六千年传承,几乎贯穿了人类的整个文明史。在新石器时代,先民"折木为棒,削竹为枪",而多股的叉头相较于单个的枪头枪尖更多、横截面更大,从功能上讲显然更适用于狩猎和捕鱼。即使在现代社会,叉作为一种劳动工具在农业生产中的用途也是颇为广泛的。另一方面,叉作为一种非常实用的冷兵器,在古代战争和民间武斗中亦被广泛使用,如明代兵书《武备志》和戚继光所著的《纪效新书》中均提出,"叉被广泛应用于作战之中"。即便清代军队中已出现火器,但依然可见叉枪应用于各类作战中的案例。如今叉的另一种应用价值,就是作为飞叉杂技表演的道具出现在大众视野中。例如,天津民俗体育"永良飞叉"中的飞叉便是由古代先民狩猎所用的长枪演化而来。在明代,飞叉作为一项杂技在民间普及开来,并经常在一些重大的迎神赛会上用来"开道",所以又被称为"开路"。此后,在几代传人的共同努力下,天津飞叉会逐渐丰富了传统飞叉的招式,形成了完整的飞叉表演体系,并将飞叉推向全国各地①。综上所述,叉虽然在不同时代表现出不同的功能,但从其历史发展进程来看,一直作为重要的生产工具贯穿整个人类历史,表现出高度的传承创新性和求实致用性。

①　天津市武清区人民政府. 永良飞叉［EB/OL］. https://www. tjwq. gov. cn/mlwq/fqwq/yzwq/202012/t20201209_4771404. html. 2020-12-09.

第二节　大运河文化带天津民俗体育之制度文化特质

一、原则坚守性

习近平总书记强调："中华文明历经数千年而绵延不绝、迭遭忧患仍经久不衰，这是人类文明发展史上的奇迹，也是我们文化自信的底气。"中华文明由宏阔的历史视野、深远的文化脉络以及雄壮的精神根基组成，自始至终唯有遵循并坚守"以文化为引领，以人民为中心，突出系统性保护，强化传承，合理利用"等基本原则①，才能成就其"和而不同"。而民俗文化指的是不同民族、不同时代、不同地域的人们出于社会群体生活的需要，在语言、行为和心理上逐渐形成某种生活模式，并不断传播和演化，成为一种集体习惯以协调人们的生理情感与群体尺度之间关系的文化②。借此，天津民俗体育文化是指坚持民俗文化形成的传播和演化原则，在文化发展过程中坚守集体习惯，并根据当地人民的生活需要而演化形成的协调人们生活关系的制度文化。千年运河，流淌千年，既沟通了南北水系，又便利了文化间的交流与融合③。可以说，种种制度与文化在千年大运河的连接、融通作用下源源不断地被传播、内化与革新，不仅沉淀层积成大运河文化带民众共同坚守的精神文化基本原则，而且实现了大运河文化带制度文化的创造性转化和创新性发

---

① 中共中央办公厅 国务院办公厅. 大运河文化保护传承利用规划纲要[EB/OL]. https://www.gov.cn/zhengce/2019-05/09/content_5390046.htm.

② 曹红玲,戴锐.民俗文化的精神结构及其思想道德教育价值[J].贵州民族研究,2017,38(6):44-47.

③ 李红梅.大运河文化保护、传承与利用:困境与出路[J].国土资源科技管理,2022,39(4):116-124.

展。这些基本原则的形成除得益于千年运河文化的承载滋润之外,还与天津民俗体育自身的信念追求、坚定的生命力、顽强的扩张力以及自身对中华优秀传统文化的坚守息息相关,从而锻造出天津民俗体育制度文化特质的原则坚守性。这些基本原则的确立与坚守,不仅是文化本体自主协调社会生产生活而生发的,而且是伴随大运河文化带的影响积淀而成的;不仅是天津民俗体育文化制度中不可或缺的一部分,而且是天津民俗体育文化的主要特征之一。

二、参与灵活性

俗话说"一方水土养一方人"。在天津这座襟河枕海的城市,历史的波澜与时代的芳华交汇而至。民俗体育文化在天津这座城市愈传愈盛与当地的风土人情密不可分,最重要的是,这亦符合事物发展所遵循的客观规律。天津建城 600 多年,其民俗体育发展至今,靠的不仅是感性层面的情感呵护与延续坚守,而且离不开理性层面的灵活保护传承与利用。天津民俗体育表现出的历史性、地域性、民族性等文化特性既得益于天津人民对民俗体育活动的灵活调用,也得艺于民俗体育活动自身活灵活现的外在形式。高跷、花毽、舞龙舞狮等天津民俗体育活动对肢体协调与控制能力均有极高要求,造诣至深往往伴随着人物合一的精神理念和人性的教化[①]。"教化",一方面,指政教风化,也指教育感化,《诗经·周南·关雎》中之"美教化,移风俗"就是这个含义;另一方面,比喻环境影响,《史记·三王世家》传曰:"蓬生麻中,不扶自直,白沙在泥中,与之皆黑者,土地教化使之然也。"[②]毋庸置疑,"教化"是内在层面更深层次的"驯服"。而体育教化的核心在于理性意识的融

---

① 庄艳华,赵来安,杨春元.基于理性的体育人文教化研究[J].山东体育学院学报,2017,33(5):31-35.

② 辞海编委委员会.辞海[M].上海:上海辞书出版社,1999:1777.

入,以实现"文明其精神,野蛮其体魄"的教化目标①。古往今来,天津民众对民俗活动的"灵活选择、参与其中和乐在其中",使得大运河文化带天津民俗体育发展根基有迹可循。这种文化参与的灵活表达正是实现"文明其精神,野蛮其体魄"教化目标的具体体现,通过民俗体育活动这一灵动形式代代传承,融入一方人的性情,逐渐形成带有本土色彩的制度文化。

三、礼仪规范性

我国是一个讲究礼仪规范的国度,日常生活的方方面面无不渗透着礼仪规范,蕴含着道德文化,既传达在人的举手投足之间,亦体现在各种文化活动的行为当中②。民俗是了解一个国家、一个民族的文化的最直接、最关键的要素,而观察不同时期、不同地域民族的人群,会发现其所处的社会阶层以及基本的衣食住行、婚丧嫁娶、待人接物、为人处世方式等方面的差异性,这就是礼仪规范的不同③。作为民俗文化独特的物质载体与具体事象,民俗体育起源于民间日常生活与活动,在一定的文化环境中形成发展起来,既依托民族节日的感召力,也存在民众的日常生活中④。由于传统民俗礼仪规范是扎根于民间沃土的活态文化⑤,故而不同地区节庆礼度不同,其礼仪规范也不尽相同。大运河文化带天津民俗体育自然也会受制于各种行为规范总和之中,但始终贯穿"礼仪"二字。有鉴于此,大运河文化带天津民俗体育借助高跷、赛龙舟、花毽等民俗活动传达出自身的礼仪规范,使更多人了解天津人参与民俗体育活动的方式和习惯。这些方式和习惯,不仅维护和发展了堪称天

---

①　冯婷.基于理性价值观的体育人文教化探析[J].郑州航空工业管理学院学报(社会科学版),2020,39(2):100-105.

②　邰琦.以《琅琊榜》为例浅谈我国古代民俗礼仪[J].河北农机,2019(3):99.

③　王旭.定襄民间音乐与定襄民俗礼仪研究[D].山西大学,2013.

④　刘欣.天津民俗体育的文化考察[J].寻根,2011(3):41-45.

⑤　王诗阳.民俗礼仪的活态传承设计与地方文化认同建构[J].艺术与设计,2023,2(3):38-40.

津民俗体育文化根魂的"礼仪规范",也为后辈了解天津民俗体育等中华优秀传统文化提供和创造了具体途径,与此同时也使天津民俗体育得以活态传承与创新性发展。这也是民俗体育及其文化"谋生存,焕生机"的必由之路。

四、守正创新性

中华文明具有突出的创新性,从商王汤的自勉箴言"苟日新,日日新,又日新",到范仲淹的"止可完旧,勿许创新",以及一系列守正不阿、革弊创新的成语的广传应用,从根本上说明了中华民族守正不守旧、尊古不复古的进取精神,决定了中华文化历来拥有守正和创新的优秀基因①。我国民俗体育发展历史悠久,然而细究起来,当下的天津民俗体育与传统的民俗体育之间业已存在很大区别与接续改良。习近平总书记指出,"中华文明延续着国家和民族的精神血脉,既需要薪火相传,也需要与时俱进。要推动中华文明创造性转化、创新性发展,激活其生命力,让中华民族最基本的文化基因与当代文化相适应"②。这不仅是古代民俗体育传承发展的真实写照,也是现代民俗体育发展创新的基本准则。要实现民俗体育的创造性转化、创新性发展,需要民俗体育传承人或传习者具备守正创新的开拓精神。众所周知,以龙舟竞渡为代表的民俗体育既是我国的传统文化瑰宝,也是民俗体育与水文化相互交融的经典符号,蕴含着丰富的中华民族文化内涵。天津作为中国北方龙舟运动的中心城市,其每年一届的海河国际龙舟赛吸引了世界各地的龙舟队伍前来参赛。与传统龙舟竞渡相比,如今的龙舟竞渡无论是龙舟的形态和结构,还是龙舟参赛队员的数量和技术水平都在顺应时代而不断变化③,例如,竞赛规则日趋正规化,观赏性逐步增强,推广与普及率逐年增加,国际影响力

---

① 张述存,冯锋.坚持守正创新勇担时代使命[N],光明日报,2023-07-25.

② 习近平.在哲学社会科学工作座谈会上的讲话[EB/OL].http://politics.people.com.cn/n1/2016/0518/c1024-28361421.html.2016-05-18.

③ 黄健武,覃春丽.龙舟竞渡中的民俗文化与体育精神分析[N].中国艺术报,2023-02-03(007).

日益增大等。毫无疑问,龙舟竞渡的这些时代变化正是民俗体育与时俱进、守正创新的具象化表现。

第三节　大运河文化带天津民俗体育之精神文化特质

一、天人合一性

民族传统体育历来具有"天人合一"与"身心兼修"相统一的价值特征①。春秋战国时期,诸子百家彼此诘难、相互争鸣,形成了以老子为代表的道家思想和以孔子为代表的儒家思想。道家思想和儒家思想在中国几千年的文化传承中发挥了重要作用。传承至今,道家思想和儒家思想已经融入中华民族精神基因之中,无时无刻不在影响着国人的价值观念和行为模式。道家思想中,无论是老子所讲的"人法地、地法天、天法道,道法自然",还是《庄子·齐物论》中所提及的"天地与我并生,万物与我为一",以及儒家思想中孔子所提出的"志于道,据于德,依于仁,游于艺"②等,都表现出对天地大道的追求,期望达到人与自然和谐统一的完满境界。这种"天人合一"的价值追求和文化精神深深地影响了天津民俗体育的传承与发展。天津民俗体育作为我国优秀民族传统文化的重要代表,其民俗体育锻炼与时令、节气等自然因素有机结合,充分汲取了华夏五千年历史长河中的思想文化养料,并在不同类型民俗文化的交流、交锋与交融中逐渐形成了集"祭祀祈福、养生保健、游戏娱乐、运动竞技、德行教化"于一体的多元文化共融风格。与此同时,"天人合

①　邱进光,刘静.从民族文化看民族传统体育的文化特质[J].科教文汇(下旬刊),2008(12):255.

②　臧知非.论语[M].开封:河南大学出版社,2008:151.

一"的传统哲学思想在武术领域则延伸出诸如"形神合一""练养合一""武道合一"等价值观念①。例如,天津民俗体育之武清李氏太极拳便是由天盘拳、地盘拳和人盘拳三种拳法组成。天盘拳主"柔",地盘拳主"刚",人盘拳则以"刚柔并济"闻名于世。此外,人盘拳按照春夏秋冬四季分为四段,每段因季节不同,拳法又有轻重缓急、刚柔凶猛之分②,在实际操练中充分证明了"天人合一"的合理性存在。

二、百折不挠性

津沽大地流传着这样一句话:"吃得苦中苦,方为人上人。"天津人不怕苦、敢吃苦、能吃苦之百折不挠精神是闻名全国的。天津地区的繁荣始于隋朝大运河的开通。大运河的开通愈发凸显天津地理位置的重要性,此后历朝历代均将天津作为军事重地。明永乐二年,天津筑城设卫打造成军事要塞,名"天津卫",从而奠定了天津人"尚武"的基础和传统③。天津自设"卫"以来,便演变成为一座人杰地灵的城市,顺运河而来讨生活的手艺人络绎不绝。由此,天津不仅成为闻名天下的"南方粮绸北运"的水陆码头和重要的商业贸易基地,而且成为政府屯兵、练兵的"军事重镇"与"兵家必争之地"。自古以来,"兵家必争之地"就意味着战争从未远离。甲午战争后,袁世凯在天津小站按德国军制为蓝本,开创了举办中国近代新式陆军的先河④。可以说,天津民俗体育的演进与天津的军事文化密不可分,而天津人百折不挠、坚韧不拔、艰苦奋斗、不畏牺牲的精神也与此不无干系。天津民俗体育伴随着社会的政治、经济和军事等的变幻动荡而经历了不同的发展阶段,其中既有低

---

① 佟立生,张振华.论中国武术的"合一"文化特征[J].成都体育学院学报,2011,37(1):49-51.

② 郑昭明.武清李氏太极拳《内外太极歌诀》探析[J].武当,2015(9):27-28.

③ 马献林.天津城市发展远景目标设想[J].城市,2011(7):12-17.

④ 波多野善大,吴达德.袁世凯与北洋陆军的形成和发展[J],自贡师专学报,1993(4):28-33.

谷也有高峰,甚至部分时段惨遭封杀。然而天津民俗体育的传承人始终不言放弃,他们挺过了一次又一次的朝代更迭,挺过了八国联军侵华战争、军阀混战、抗日战争、解放战争。时至当下,中国特色社会主义进入新时代,民俗传统体育迎来了久违的"春天"。在习近平总书记的指引下,天津民俗体育必定会绽放出更为灿烂的光芒。

三、保家卫国性

"受元代漕运及天津居民多为明代屯兵后裔杂处五方影响,天津市漕运文化、市井文化并存,码头习气、习武之遗风久盛不衰"[①],天津人民急公好义、热心公益的性格也由此而来。运河文化千年流淌积淀的伟大的爱国精神美德,不仅是蕴含在天津人民血脉基因中的最坚定的信仰,而且是天津人民精神文化最突出的写照。谈及天津民俗体育的爱国护卫精神,就绕不开西青区霍氏练手拳的传承人霍元甲。1869 年出生的霍元甲适逢中国科技落后、国力贫弱、又惨遭八国联军入侵的艰难时代。为了发扬自身国力、保卫国家、消除敌国外患,霍元甲毅然踏上了"以武救国"之路,并以强大的天赋和"精武"拼搏精神,很快在京津地区站稳脚跟。1910 年,为了打破笼罩在时人心头的"东亚病夫"的枷锁,霍元甲远赴上海,成立了中国第一个民间体育组织——上海精武体操会。为使更多人习武强身达至强国强种之目的,霍元甲摒弃传统武术界的门派之别,打破传统武术"传内不传外,传男不传女"陈规旧俗,采用班级教学制度,致力强大时人的精神与体魄[②]。时至今日,涵盖浓厚爱国主义精神的霍氏练手拳,成为天津民俗体育的重要代表。为了弘扬霍元甲"爱国、奉献、团结、担当"精神,霍元甲故里——西青区将霍氏练手拳纳入中小学校本课程,借此,将霍氏练手拳等中华优秀传统文化所蕴含的拳拳

---

① 天津市地方志编修委员会办公室.天津市志·民俗志[M].天津:天津社会科学院出版社.2006:4.

② 霍静虹.新时代背景下霍氏练手拳传承中的文化自信探究[J].文化创新比较研究,2019,3(35):48-49.

爱国情传递给新一代青年学生,积极培养其保家卫国的家国情怀①,服务于具有中国特色的社会主义现代化建设。

四、情怀传承性

民俗体育在保护、传承、利用和发展过程中,除却活态性保护继承其自身独特的历史文化标签之外,另一个不容忽视的层面便是如何承继与延续其千年沉淀的中华民俗文化情怀。诚如所知,民俗体育是在历史发展过程中由民众所创造,并沿袭传承了民间风俗习惯的体育文化活动②。这就表明,民俗体育文化特质的层积与流传与民间风俗习惯紧密相连。毫不夸张地说,大运河文化带天津民俗体育自身所承载的情怀是"哏儿都"人民对美好生活的向往,其中包括:国家级体育"非遗"武清区李氏太极拳由刚化柔之精妙,红桥区天津回族重刀举重若轻之超脱;天津市体育"非遗"北辰高跷美中有险之风情,西青霍式练手拳健身强国之血性,静海区独流通背拳维护一方之正义;天津市区级体育"非遗"河北区花键变化无穷之悦目,南开区宫前中幡技艺高超之绝伦,等等。这些灿烂辉煌的民俗体育传承至今,不仅锻造出天津民俗体育的恒久之精神特质,其海外传播展演也促进了天津民俗体育与世界民俗体育文化间的交流、交往与交融③。一方面,完美地诠释了民俗体育所蕴含的情怀在国人心中的不可撼动性;另一方面,也证明了民俗体育是推动社会文明进步的重要且关键的力量。作为大运河文化带主体文化的代表之一,天津民俗体育应当怀揣"立德、行善、大爱"等人文情怀,凝聚天津民众的文化敬畏之心,发挥天津民俗体育既有精神文化优势的同时,将优秀民俗体育根植于中华儿女心中,从内心深处唤醒其秉持并践行中华民族文化自信、文化自觉与文化自强。

---

① 霍静虹.浅议非物质文化遗产项目霍氏练手拳在普通高校传承的意义[J].武术研究,2020,5(4):57-58.

② 涂传飞,陈志丹.民间体育、传统体育、民俗体育、民族体育的概念及其关系辨析[J].武汉体育学院学报,2007(8):24-31.

③ 吴艳.妈祖文化:倡行"立德、行善、大爱"[N].中国民族报,2023-01-04(008).

第四节　大运河文化带天津民俗体育之行为文化特质

一、祭祀祈福性

天津民俗体育在古老中华文明的滋养下发芽,在独特地理环境的萦绕下生长,在自身情感世界的呼吁下幻化出浓郁而又神秘的宗教祭祀祈福色彩。例如,作为天津文化的发祥地和天津城市发展历史见证的天津天后宫妈祖文化,便揭示出妈祖文化与天津民俗体育之间的深厚渊源。天津人民对美好生活的祈愿和寄托往往借助妈祖信俗体育活动来完成。起初,人们恭信东方海神——妈祖(天后)是为了救险解难、济困扶危、消除灾疫、祈雨救民、守护一方平安。千百年来,妈祖文化逐渐演化为世界华人文化交流、民族认同的精神桥梁和纽带。流传至今,天津妈祖文化依然发挥着祭祀祈福之社会文化功能。这一文化传统不仅承载着人们对神明的虔诚敬畏,更是为人们的祈愿祝福找到了一种外在的淋漓尽致的表达方式与空间。可以说,祭祀祈福活动不仅是一种宗教仪式,更是融入了丰富的民俗风情和体育元素,从而使得这一文化传统更具亲和力和参与性,吸引着八方"信徒"共同感受文化传承的力量。在这个过程中,天津妈祖文化不仅是信仰的象征,更是连接过去与当下、传统与现代的纽带,为社会文化的多元发展贡献着独特的力量。毕竟,天津妈祖信俗展演过程中,那些直接的、原始的、粗粝的、接地气的、直抵人心的朴素情感和价值观,在当代仍然具有无与伦比的、深入骨髓的冲击力,这些恰恰能够引起观众,尤其是青少年观众的共鸣、共情、思考与行动。

二、身心兼修性

众所周知,民俗体育以多样的运动表现形式、"天人合一"的精神内涵以及浓郁丰厚的身心兼修的文化特质,为中华民族的融合发展注入了灵魂与活力。身心兼修的民俗体育作为一种生命整体优化模式,是中华优秀传统体育中最具东方特色的健身养生的外在优化方式,主要体现在"动静结合、形神结合、劳逸结合"的协调关系之中①。诸如太极拳、五禽戏、八段锦、六字诀等中华传统健身养生功法,虽然各自锻炼形式不同,但都是通过身心并育,使人体达到动作机能和身心健康的协调发展。又如龙舟竞渡、舞龙舞狮、荡秋千、跑旱船、放风筝等这些既科学又颇具实用价值的民俗体育活动,尽管其外在表现形式给人一种休闲娱乐的印象,但其本质离不开身体运动这一核心,均强调人的肌体内外运动的高度统一,从而达至身体锻炼与身心愉悦协调统一的美好场景与理想境界。受中华传统文化及其思维模式的影响,天津民俗体育在发展与演进过程中亦会带有身心兼修的东方文化烙印。当然,随着世界理性思维的不断发展,人类的价值观、思维方式和行为方式发生了巨大转变,当下的天津民俗体育,在强调保护与传承的基础上,依然应该着眼于复兴和创新一些能够有效融合人的内部心理意识和外部身体机能的民俗体育项目,促进参与者身心兼修与同步发展。

三、礼德并重性

中华文化的核心之一为"道德"二字。道德是一种社会意识形态,是调节人与人以及人与社会之间关系的各种行为规范的总和②。循规守礼、礼德

---

① 崔乐泉,张红霞. 中华优秀传统体育文化的缘起与特征[J]. 武汉体育学院学报,2020,54(7):13-20.

② 鞠旭远. 中国传统道德规范与西方沉默权制度的对话[J]. 中国人民公安大学学报,2004(3):80-83.

并重是我国古代传统体育运动的最大特点①。"敬德尊礼"的主张,最早见于西周。所谓"德",是个会意字,"直心为德,是叫人目正、心正,恪守本分"。要求时人严格遵从尊卑、亲疏、贵贱、长幼、男女等等级秩序②。同时,西周统治者还制定了整套的礼乐制度,以维护其统治地位和等级秩序,其中最为著名的便是"射礼"。"古者,诸侯之射也,必先行燕礼;卿大夫,士之射也,必先行乡饮酒之礼。故燕礼者,所以明君臣之义也;乡饮酒之礼者,所以明长幼秩序也。"(《礼记集说》)由此可见,"射礼"的主要目的是进行"道德教化"与"礼制规制",至于习练技艺、强身健体等体育功能与价值则退为其次了。孔子强调,"君子无所争,必也,射乎?揖让而升,下而饮,其争也君子"。(《论语》)由此可见,西周"射礼"渐趋演变为礼德并重的"君子之争",并影响至今。龙舟竞渡、舞龙舞狮等集体性民俗体育运动被定义为"具有一定社会规范性和内在行为习惯的民俗体育项目"便为明证,因为时至当下龙舟竞渡在其竞赛过程中时刻受到传统礼仪文明之影响,而独具视觉观赏价值的舞龙舞狮在其"表情达意"过程中也始终为我国传统文化的表现特征和魅力底蕴所牵引。这些集体性民俗体育项目在民间得以传承和发展下去,与人民群众的支持和参与密不可分。可以说,任何一种民间文化赖以流传的主要媒介就是民众的认同,这种认同不单是口头上的认可,更是人民群众自觉的身体参与③。而龙舟运动等集体性民俗体育活动能够获得民众认可的更深层次原因,是其自身具备的礼德教化作用。这是因为,人们通过龙舟竞渡,不仅可以纪念先贤、宣泄情绪,而且其至高至上的礼节、规矩则为龙舟运动增添了几分敬畏之心,维系着人们心中的价值认同与情感指向。除此之外,诸如高跷、花毽、太极拳等天津民俗体育项目均包含着深厚的礼德文化内涵,值得深入挖掘与保护传承。天津民俗体育蕴含的循规守礼、礼德并重的文化特质就像一种特殊的"精神黏合剂",将中华儿女与祖国文化发展联系在一起,共同推动

---

① 崔乐泉.中国古代体育精神及其文化特质[J].人民论坛,2021(22):110-112.
② 毕世明主编.中国古代体育史[M].北京:北京体育大学出版社,1990:41.
③ 倪依克,孙慧.中国龙舟文化的社会品格[J].成都体育学院学报,1998(3):17-21.

中华文化的复兴与繁荣。文化复兴与繁荣是国家文明富强的内生动力。这种凝聚力和向心力作用不仅是天津民俗体育所包含的，更是中国传统体育所孕育的，一直提升着中华儿女的文化自信心和民族自豪感。

四、虚实相济性

民俗是由民众创造出来的、用以享受身心和丰富精神世界的生活文化①。而讲究身心一体、形神合一的民俗体育一直被强调是一种高度契合了艺术内涵和人文精神的人的体育②。正所谓"艺术源于生活"。从民众生产生活中孕育而来的民俗体育，在给人们的生活平添几许趣味的同时，也表达着艺术形式的形态各异以及艺术表现的虚实相济。例如，中华妈祖民俗体育，一方面实实在在、活灵活现地反映着民众的生产和生活状况；另一方面，则高度抽象地刻画出民众对古往今来生产与生活的独有思考和虔诚姿态，并以此开创、融合出独具当地特色的民俗风情③。又如，舞龙舞狮是人们用来祈求丰收与平安的传统习俗④。中华民族自古以来对龙、狮等瑞兽独具崇敬之心，认为龙是一种超乎自然的神灵，而狮子在外形上表现得神武刚劲令人敬佩，所以千百年来舞龙舞狮运动中龙与狮子的形态外观与艺术表现没有多大改变⑤，但是其舞姿背后所展现出来的运动之美、技艺之精、内涵之妙往往比器物、造型等外化特质更加深入骨髓、直抵人心。这种艺术表现与人们的敬畏之心虚实相济，在动作表现中展现出中华民族积极进取、自强不息的民族精神。总体而言，保护、传承与弘扬中华优秀民俗体育文化，不仅是因为项

① 钟敬文.民俗学概论[M].上海：上海文艺出版社，1998.
② 陈晓丹.体育之美的和谐存在探究[J].内江科技，2021，42（2）：143-144.
③ 林顺治."美丽中国"视角下的中华妈祖民俗体育探析[J].湘南学院学报，2015，36（2）：90-93.
④ 刘长立.舞龙舞狮运动的文化特征与传播策略分析[J].东西南北，2020，554（6）：111.
⑤ 刘营.试分析舞龙舞狮运动的文化特征与传播策略[J].体育风尚，2022（6）：68-70.

目本身具有较强的娱乐性、健身性、审美性,更重要的是为了挖掘、传承并弘扬其背后的情感共鸣性、民族相通性与文化交融性。

综上所述,大运河文化带天津民俗体育历史悠久,文脉绵长,不仅凭借中华文明连续性、创新性、统一性、包容性、和平性的历时承载①,而且得益于马克思主义思想理论的引领、近现代社会发展成果的筑基和中西方体育文化融合的加持,同时犹如岁月珍酿,在形塑完美运动技艺、凝聚传统文化底蕴之余,层积出物质、制度、精神、行为四方面文化特质。其中,求实致用性,求的是天津民俗体育的保护传承与日常实用;原则坚守性,守的是天津民俗体育一脉相承的统一性;守正创新性,创的是天津民俗体育的创造性转化、创新性发展与时代化表达;情怀传承性,传的是天津民俗体育的千年文脉与家国情怀;礼德并重性,重的是天津民俗体育的循规守礼与礼德教化。总体而言,天津民俗体育具有求实致用、与时俱进的守正创新力,"天人合一"、百折不挠的情怀凝聚力,身心兼修、礼德并重的肌体创造力,情怀传承、保家卫国的文化自信力等文化特质,值得我们礼敬、传承与创新。礼敬、传承与创新民俗体育文化特质的过程,本身就是传统体育技艺记忆"唤醒"的过程、文化自信激活的过程、共同体意识强化的过程。唯有参与其中,才能有机会重温一代代人的生产生活轨迹,才能重新认识传统民俗体育及其文化气象的魅力和价值,才能激发出创造文化新质的自信心和自豪感,从而推动民俗体育创造性转化、创新性发展与时代化表达,增强中华民族的凝聚力和向心力。

---

① 习近平.加强文化遗产保护传承　弘扬中华优秀传统文化[J].求是,2024(4):1.

第七章 大运河文化带天津民俗体育文化特质的形成渊源与时代变迁

第一节 大运河文化带天津民俗体育文化特质的形成渊源

2023 年 6 月，习近平总书记在文化传承发展座谈会上，强调了中华文明具有突出的连续性、创新性、统一性、包容性以及和平性，同时指出要以文化自信、开放包容、守正创新的底气、正气和锐气，赓续历史文脉、谱写当代华章①。诚如所知，中华文化犹如"深山大泽，龙蛇藏焉"，其中大运河文化宛若"浩瀚星河"，流淌千年，而伴生、沉淀、流传于其沿岸之民俗体育更是"百舸争流、争奇斗艳"。在大运河文化的传送带上，天津作为海上丝绸之路的重要交通枢纽，其民俗体育历经变革仍绵延不绝、迭遭冲击仍流传不衰，尽显独特深厚的文化底蕴与独特魅力。有鉴于此，总结归纳大运河文化带天津民俗体育之文化特质，促进其创造性转化、创新性发展及活态性保护与传承，自有其理论价值与实践意义。而文化特质的形成与流变，和文化的积淀形塑需要历经岁月蹉跎、思想演变与激烈抗辩等漫漫征程相类似，也是接续积淀、历久弥新的过程。

---

① 习近平. 在文化传承发展座谈会上的讲话[EB/OL]. http://www.qstheory.cn/dukan/qs/2023-08/31/c_1129834700.htm.

一、中华优秀传统文化承载着天津民俗体育的精神家底

借古之规矩,开今之生面。天津民俗体育作为大运河文化带的有机组成部分,除却"九河下梢天津卫"之河海浇灌与泽润,还与天津的城市区划、经济特色、社会风尚、人文生态、时空流转等外部因素浸染、强化与适应息息相关,与此同时更离不开中华民族优秀传统文化及其深厚底蕴之历时承载。"哏儿都"天津在600余年的建设发展过程中,不仅孕育出独具地方特色与风情的民俗体育活动,还将中华优秀传统文化的"家国天下"根脉囊括其中,共同构建成独具特色的"津味"市民休闲娱乐文化①。实践证明,古往今来民俗体育活动的诞生与存续离不开家国情怀命脉的支撑。这是因为民俗体育活动惯常于承载与赓续国家记忆与民族精神②。例如,太极拳(包括陈氏太极拳、杨氏太极拳、吴氏太极拳、李氏太极拳等)、无极拳、形意拳、八卦掌等天津市传统拳法之所以能够传承不绝、绵延数百年,无不是因为其承载者及其传承人与生俱来的家国责任感,自愿熟谙各种拳法以"修身、齐家、治国、平天下"。又如,天津妈祖皇会踩街展演不仅反映了人们对"东方海神——妈祖"护佑一方、救死扶伤等丰功伟绩的敬重和颂扬,也弘扬了妈祖信众顽强拼搏、团结协作、敢为人先、无私奉献等中华体育精神与传统美德。毫不夸张地说,正是中华优秀传统文化的质朴与坚韧,奠定了天津民俗体育的礼仪规范、道德基调和家国情怀。换言之,千百年来,天津民俗体育不是一成不变的纯粹的娱乐消遣活动,而是主动从中华传统思想和百姓生活方式中挖掘灵感,从家国情怀、社会规范、人伦道德等方面汲取智慧和力量,接续将中华优秀传统思想文化熔铸其中,从而奠基并深化了天津民俗体育的哲学内涵与文

---

① 刘欣,李鹏.天津民俗体育的形成、传播及功能[J].新闻爱好者,2011(18):15-16.
② 李平.中国古代气功养生术与传统思想观念[J].汕头大学学报(人文社会科学版),1995(4):38-46.

化特质①。

二、近现代社会发展成果筑牢天津民俗体育的文化根基

迄今已历2500余载春秋的大运河,不仅经历了军事战争、国家统一、都城粮草供给、政治中心迁移等多元化功能变迁,而且经历了封建王朝、民国初建、中华人民共和国成立、改革开放、社会主义现代化建设等多样化社会变革②,同时扮演了百姓粮草运输、皇室安全保障、经济命脉延续、国家政权巩固与文化沟通融合等等重要角色。千百年来,大运河功能与角色变换融汇而成的社会发展成果毋庸置疑会筑基、影响并催发其沿岸民俗体育的表现形式及文化特质。一方面,与近现代社会极具冲击力和震慑力的革故鼎新、自强不息等时代精神一拍即合,大运河天津段民俗体育在传统的发展基质上生发出文化自信、文化自觉、文化创新等"新式"血脉基因与精神标识,不仅让诸多趣味盎然的民俗民间体育活动变得家喻户晓,而且将其强身之益、育人之雅、休闲之趣、团结之美等文化内涵展示得淋漓尽致。另一方面,与现代体育不同,民俗体育具有无意识自我传承发展的文化特性③。外加任何民俗体育活动均为无法孤立于人类个体活动而存在的特殊文化样式④。故而,人类个体在民俗体育传承与发展过程中起到了"催化剂"的作用。也就是说,古往今来,天津民俗体育更多的是无意识自我传承的结果,这种"无意识自我传承"正是人类个体这一"催化剂"借助天津近现代社会发展成果这一"反应物"而催化生发的有机统一的文化生命体。因此,可以说,天津民俗体育是

① 白晋湘.从传统到现代:对中国民族民间体育文化发展的思考[J].体育科学,2018,38(7):21-22.

② 吕娟.中国大运河河道变迁基本脉络及历史作用[J].河北水利电力学院学报,2022,32(2):1-7.

③ 李红梅,郑国荣,方千华.论民俗体育的现代化发展[J].沈阳体育学院学报,2008,27(6):34-36.

④ 芦平生.中华民族传统体育的内涵及其特征[J].西北师范大学学报,2004(1):94-97.

伴随天津近现代社会发展而渐趋丰盈、健全起来的,不仅不再是单纯的"休闲文化""享乐文化",而且与不同阶段的社会发展相适应,经历了从祭祀祈福、休闲娱乐到保家卫国、与时俱进,再到如今的注重礼仪规范、身心兼修、礼德并重的转变与融合,其文化特质也由此得以拓延与丰富①。

三、马克思主义思想理论引导了天津民俗体育文化创新

20世纪初叶,马克思主义思想理论甫一进入中华大地,就开辟出一条与中国具体实际相结合的顺应时势的发展道路。百余年来,马克思主义之所以能够救中国,并在我国产生深远影响,是因为在解决中国具体问题的过程中,人们懂得如何准确理解和科学运用马克思主义,坚持将马克思主义中国化时代化②。习近平总书记指出,"马克思主义基本原理同中华优秀传统文化相结合,即'第二个结合'是发展中国特色社会主义的必由之路,而'结合'的前提是彼此契合"③,相互契合才能有机结合。马克思主义思想理论与包括民俗体育等中华优秀传统文化相契合,不仅激活了民俗体育的文化基因,为其传承绵延提供了精神保障;而且丰富了民俗体育的精神气质与文化品格,为其创新发展提供了无限可能。一方面,能够帮助我们挖掘民俗体育等中华传统文化之精华,激活中华优秀传统文化之基因命脉,擘画中国特色社会主义文化发展新图景;另一方面,能够帮助我们从民俗体育文化思想中汲取智慧和力量,实现民俗体育的创新性发展与创造性转化,共同创造民俗体育文化新形态。可以说,与马克思主义的时间性、科学性、人民性和开放性相契合,是天津民俗体育创新性传承发展的时代答卷。正是在马克思主义思想理论的引领下,天津民俗体育从过往用来祈求美好生活的尊崇祭拜方式,转化成

①　邓苗.中国近现代民俗研究的民众立场:一种超越民俗学的视角[J].云南师范大学学报(哲学社会科学版),2021,53(6):102-111.

②　闫志民.马克思主义与中国:对马克思主义、中国化时代化马克思主义、习近平新时代中国特色社会主义思想为什么行的理论思考[J].当代世界与社会主义,2023(1):26-34.

③　习近平.在文化传承发展座谈会上的讲话[J],求知,2023(9):4-7.

为具有集体性的、模式化的且为民众日常生活不可或缺的、内在的体育文化活动①。如此一来,不仅提升了天津民俗体育的文化自信,而且助推并帮扶其实现了创造性转化与创新性发展。

四、中西方体育文化融合增添了天津民俗体育别样色彩

明清以降,囿于儒家"天人合一""守中致和""讲信修睦"等传统思想之惯性影响,天津市大运河沿岸民众普遍具有"重文轻武""亲土厚生""静水流深"等社会文化倾向。与此相应,天津民俗体育富含顺从自然、内外兼修等休闲娱乐性、康体养生性特点②。近代以来,崇尚"更快、更高、更强"奥林匹克精神的西方竞技体育文化的"强势"输入③,不仅瞬时拓宽了国人的传统体育认知,致使民俗体育接受并践行起"公平竞争""顽强拼搏""精益求精"等奥林匹克理念,而且助推了中西方体育文化的交往、交流与交融,进而创生出新的体育文化样态与特质。借此,中华传统体育持有者及其传习者秉持"有容乃大"的、谦虚的学习态度④,合理借鉴吸纳西方体育文化的竞技精神与合作理念,迎来了"请进来""走出去"的融合化、国际化发展格局。总体而言,大运河文化带天津民俗体育也因积极主动融合西方竞技体育文化而增添了别样方式与别样色彩,并衍生出诸多新型文化特质。

① 占玉珍,王俊奇.民俗体育与民间体育辨析[J].体育文化导刊,2009(4):140-142.

② 谭苑昊,臧加慧.近现代中西方体育文化差异及其发展研究[J].武术研究,2020,5(7):153-154.

③ 肖宁宁.中西方体育文化的碰撞与融合[J].风景名胜,2019(7):147-149.

④ 董振楠.中华传统文化中的谦虚思想探析[J].散文百家,2017(5):89-90.

第二节　大运河文化带天津民俗体育
文化特质的时代变迁

一、创新性的发展模式

习近平总书记在文化传承发展座谈会上强调："只有全面深入了解中华文明的历史,才能更有效地推动中华优秀传统文化创造性转化、创新性发展,更有力地推进中国特色社会主义文化建设,建设中华民族现代文明。"大运河文化源远流长,大运河为我们留下了许多富有生命力的遗产,其中既包括多姿多彩的民俗体育活态文化,也包括许多带有民俗特色的非物质文化遗产,这些文化形态共同影响着大运河沿岸城市的自然与文化生态。2017 年,习近平总书记在通州视察时指出:"大运河是祖先留给我们的宝贵遗产,是流动的文化,要统筹保护好、传承好、利用好。"[1]大运河承载着丰富的历史文化内涵,对于我们而言,保护与传承运河沿岸文化任重道远。

天津最有代表性的民俗体育有舞龙、舞狮、赛龙舟、放风筝等项目,此外泥人张、吹糖人等传统非物质文化遗产也富有地域特色,在一定程度上反映了天津的社会历史、政治、经济、文化、宗教、风俗的变迁与发展。在大运河文化带国家发展战略的影响下,天津以独特的地理区位优势、空间优势以及良好的交通条件,推动了当地工业的迅速发展和商贸市场的繁荣,进而带动了当地民俗体育文化的兴盛与繁荣。天津民俗体育大致可以分为表演类、游戏类、健身类三种,主要包括舞龙舞狮、赛龙舟、摔跤、放风筝、民间武术等项

---

① 郗志群,匡清清.北京大运河文化带文化遗产的代表性、多元性与整体性[J].新视野,2021(2):109-115.

目①。天津民俗体育活动大多具有很强的观赏性,需要借助一定的平台、空间来展示其文化特质,或者可以利用新媒体等网络平台与空间进行广泛传播与宣扬。在经济全球化、世界一体化、社会信息化发展的今天,人们的生活节奏、生活方式都在逐步变快,相应地人们的生活方式也在不断发生变化。在这样的社会发展大环境下,民俗体育文化谋求发展,也须与时俱进,调整方向,跟上时代的节奏,破除文化发展道路上的障碍,多方面满足人们不断变化的健身诉求与健康需要。

二、多样化的传承方式

天津民俗体育活动在内容与形式上都呈现出异彩纷呈的地域特色,在历史的发展进程中又不断汇入各地民风民俗,最终形成一个复杂的文化生态系统体系。如何传承与发展这些民间优秀传统民俗体育项目,成为天津这座移民城市亟需解决的大问题。首先,要努力转变传统民俗体育的保护与传承方式,然后,不断丰富开拓民俗体育活动自身的文化传承路径,实现国家倡导的非物质文化遗产的活态传承,以提升天津的文化软实力,这同样也关乎这座城市的发展与未来。

总体而言,天津民俗体育活动以游戏娱乐为主,可以起到休闲娱乐的作用,还具有一定的健身价值,对人们身心健康发展极为有益。此类民俗体育项目在传承过程中,通常将娱乐消遣与游戏比赛相结合,在丰富人们日常文化生活的基础上,潜移默化地促进了天津民俗体育活动的传播。天津还有一些以健身为主的民俗体育项目,如气功心法、民间武术等,可以通过各种大型比赛或民间组队的方式切磋交流,在城市中产生了一定的号召力和影响力,以此来促进此类民俗体育文化的传播与发展。再者,还有一些普遍存在却容易被人忽视的民间传统非物质文化遗产。例如,天津非物质文化遗产的典型

---

① 王哲峰,闫士芳.天津体育文化发展与传播方式的演变及其功能论析[J].搏击(武术科学),2013,10(12):102-104.

代表泥人张，民间艺人是通过家庭联姻或家族文化将自家的独门绝技代代相传。这种家族传承的方式也让"泥人张"保持了纯正与独特，成为带有天津地域特色的非物质文化遗产。太极拳等传统武术项目的传承也是如此。总之，不同的民俗体育项目都应该在新的社会背景下，寻求适合自身发展的、独特的传承路径与发展方式，以保证原汁原味的活态性传承。

三、现代化的创新方式

中华文明是世界上唯一没有中断的文明，历史的变迁并没有淡化其存在的历史地位和价值。建设中华民族现代文明，是我们在新时代站在新起点上的重要任务。民俗传统体育作为中华文明的重要组成部分，肩负着匡扶中华民族伟大复兴的重任。习近平总书记强调，我们这个时代，国家繁荣昌盛、社会平稳安定，有传承民族文化的意愿和能力，我们应当把这件大事办好。就目前而言，我们应该做好民俗体育文化的有效传承，以确保天津民俗体育适应现代化社会发展的模式，得到妥善地延续与发展。

随着时代的变迁，在国家和政府的大力倡导和社会各界的共同努力下，大运河文化带天津民俗体育已经以一个崭新的形象融入当今社会。天津民俗体育文化特质也在时代更替中不断刷新着人们的认知，展现出独特的文化魅力。现代中国人的生活精彩纷呈、蒸蒸日上，随处可见人们穿着"现代"，吃着"文化"，玩着"未来"，但在如此开放包容的社会大环境中，追求民俗体育活动带来的放松娱乐，弘扬民俗体育文化精神，仍然是当今社会所追求的"时尚"路线①。现在，在传统节日穿民族传统服饰的人越来越多，欣赏传统民间艺术的场合和空间越来越受欢迎，人们对传统文化表现出极大的热情与关注。这些都反映出复兴中华传统民俗体育文化是中国人民热衷并乐于推进的大事。天津民俗体育本身就是一种社会现象，其特质应当集中反映最能代表该文化特征的基本要素。天津市应当把握好作为直辖市的区位优势，以

---

① 方如.民俗文化在现代生活中的延续[J].美与时代，2003(7):21-22.

现代化方式弘扬延续民俗体育及其文化内涵,以便更快找到适合当地民俗体育项目保护、延续的适宜方式,让天津民俗体育尽快完成现代化的传承与变迁。

四、文化本体形态变迁

天津民俗体育的传承方式主要是人的传承,因此只有吸引广大民众的广泛认可和积极参与才是实现其生存与发展的重要途径。随着生态环境的不断变化,社会上出现了很多不利于民俗体育文化发展的因素,导致民俗体育文化逐渐被弱化、边缘化,无力与外界抗衡,也没有办法适应诸多外来不利因素的冲击与渗透。大运河文化带天津民俗体育同样面临这样的发展困境。天津民俗体育文化形态多样,与当地民众的日常生活、生产、休闲娱乐等活动存在正相关发展趋势,是在满足当地人民生活需要的过程中逐渐发展起来的一种特殊文化形态,并且随着时代的发展不断发生变化,也正因为如此,才造就出不同时期的专属文化样态与文化特质。

社会形态的变迁是民俗体育变迁的物质前提与基础,而民俗体育变迁的最终结果是民俗体育项目及其文化因子的重构[①]。我们以带有中国特色的民俗体育——赛龙舟为例,从大运河文化带天津民俗体育文化的视角来解析民俗体育文化形态的变迁。赛龙舟活动既是天津典型的民俗体育活动项目,也是全国具有较大影响力的民俗体育活动,它在新的历史条件下较成功地实现了现代化的形态变迁。例如,世界龙舟锦标赛是国际龙舟联合会组织主办的国际最高级别的龙舟比赛,在国际上具有很大的影响力,来自世界各国的国家代表队前来参赛。赛龙舟项目不仅在国内举办了正式性比赛,还迈出国门走向了世界大舞台,成为深受世界各国欢迎的运动项目,成功实现了民俗体育文化形态的现代化转型。天津赛龙舟民俗也没有故步自封,而是紧抓时

---

① 张学军.民俗传统体育文化的变迁及分析——基于甘肃陇西地区云阳板舞的研究[J].体育科学研究,2014,18(3):5-10.

代机遇,让更多的人认同、参与这项民俗体育活动,赛龙舟这一文化活动形态也积极地与时俱进,应时而变。

五、文化本体内涵变迁

天津民俗体育承载着深厚的历史记忆、民俗文化内涵,伴随着庙会、节日庆典中民俗体育活动的开展渗透进天津人民群众生活的方方面面。民俗体育文化寄托着天津人民对美好生活的向往和追求,并在时代流转中传承着大运河文化的精神内涵①。大运河文化带天津民俗体育之所以能够流传至今,主要因其具有深厚的文化内涵,是以农耕为基础的大河文明不断延续发展的结果。随着时代的变迁,历经多元文化的冲击、碰撞与融合,天津民俗体育项目产生了不同层面的变化,在原有的传统民俗体育文化特质中融入新的时代元素,天津民俗体育的文化内涵也相应地发生了变化。

不论民俗体育活动外在的表现形式如何演变,内在的文化特质都保持相对稳定,这集中表现为人们对土地的依恋、对运河的依恋、对集体文化的重视和对民族品格中"天人合一""与时俱进""百折不挠""礼德并重"等理念的认识与深化。再者,文化内涵的变迁拉近了文化与人之间的距离,使人们更容易理解、接纳并发挥该文化的价值理念,增强人们对文化本身的认同感和敬畏感。大运河作为物质与精神的纽带,贯穿天津民俗体育及其文化内涵不断变迁的始终。因为大运河作为千年流动的文化血脉,所及之处滋养一方水土。大运河为国家经济和民众生存带来的不仅是农业生产及农耕文化,更为中华民族优秀传统文化提供了丰厚的精神养料②。在大运河文化带的影响和渗透下,天津各种民俗体育活动不断兴起,民俗体育活动逐渐从祭祀祈福、休闲娱乐向精神文化领域迁移,不断地与体育旅游贸易、体育文化遗产结合

① 黄璐.民俗体育视角下峨山彝族花鼓舞的文化内涵与传承路径研究[D].云南师范大学,2022.

② 胡泽学.论农耕文化对中华优秀传统文化核心理念的塑造[J].古今农业,2022(4):7-16+136.

到一起,天津民俗体育的发展受到了社会各界的重视,逐渐形成一种有关民俗体育的社会共识,成为当前大众体育的一个新的发展方向①。天津民俗体育所代表的也不只是地域性的文化,更是人类生活历史延续的精神文化。如今越来越多的人开始积极主动去参与、感知和体验民俗体育所蕴含的深厚的精神内涵,这种文化内涵随着时代变化与时俱进,体现出民俗体育文化鲜明的时代特征。

六、文化本体功用变迁

民俗体育是一座璀璨的知识宝库,中华民族能够在世界文化大舞台屹立不倒,是因为我们有着自身独特的民族文化②。所以,只有民族的才是世界的。当今世界正经历着巨大的变化,大运河文化带天津民俗体育的传播与发展应当紧抓当前的新局面和好形势,不断发掘其当代文化价值与功能,涵养民俗文化的精神命脉③。在这种形势下,天津民俗体育的文化功能也要作出相应的变动。其一,从注重休闲娱乐功能过渡到注重文化教育功能,充分利用民俗体育文化的群众基础,通过各式各样的民俗体育活动实行思想道德教育。而优秀的民俗体育能够使人形成科学端正的人生观、世界观和价值观。学者龙梦晴曾对此有深层次的见解,她认为,民俗文化教育是连接素质教育与传统文化教育必需的环节,通过学校教育这一途径可以使后辈感受到前人的思想情感和生活方式,有利于培养国人的民族自尊心、自信心以及民族自豪感④。其二,从注重祭祀祈福功能过渡到注重民俗文化的调节功能和认同功能。民俗体育由内而外的文化魅力会使人们在学习与活动的过程中受到感染与熏陶。当人们相聚进行各种民俗体育娱乐活动,就能够发挥其愉悦身

---

① 朱海燕.民俗体育文化内涵与特征解读[J].才智,2014(8):312+315.
② 李子璇,李宗生.在语文教学中发挥民俗文化功用的策略[J].中国多媒体与网络教学学报(中旬刊),2019(5):247-248.
③ 陈艳.优秀民俗文化的当代功用研究[J].科教文汇(上旬刊),2016(2):150-151.
④ 龙梦晴.民俗文化教育发展论[J].湖南师范大学教育科学学报,2012,11(6):79-81.

心、增强体质、促进交际等作用。而民俗体育活动自身带有的娱乐或祈福性质，使民俗体育活动能够充当一种精神媒介，人们通过这种精神媒介可以宣泄情绪、慰藉心灵，这样民俗体育活动的心理调节功能就能够得以实现。民俗文化的认同功能主要表现在两个方面，一种是自身群体的认同，一种是地域和空间的认同。从传承方式来看，通过婚姻和家族传承可以实现血缘关系的认同；通过开门收徒、师徒相承来实现生存空间的地缘认同，从而由此形成民族传统体育项目的地域情结或"故土"情结。

七、文化本体特点变迁

在大运河文化带建设和发展国家战略的引领和促进下，天津民俗体育开始冲破自身的局限性、固定性，积极利用现代科技手段，在信息发展如此快速的今天，在数字智能化方式的助力下，通过互联网平台向中国各地乃至向世界讲述天津民俗体育故事、宣介天津民俗体育传承人。与之相应，天津民俗体育的文化特点也发生了显著的变化，具体表现在天津民俗体育的普适性、地域性以及依附性等几个方面，这使天津民俗体育走出"舒适圈""平流层"，开拓出了全新的领域与发展空间，使天津民俗体育的文化价值与功能进一步提升。第一，关于文化普适性的变迁。过去的民俗体育活动多以人群等级分类，达官贵人和普通百姓参与民俗体育活动的方式多有不同，但其参与的主要目的相似；在现代社会，民俗体育参与的阶级性消失，不论是何等身份的人群均可以根据民俗体育活动团体的分工或根据自身的兴趣爱好自由选择。第二，关于文化地域性的变迁。这是民俗体育在文化空间上所显示出来的特征，民俗体育地域性特征主要通过自然环境和社会环境等方面的多重影响来决定①。整体而言，天津民俗体育地域差异不大，自然环境和社会环境较统一，正因如此，天津民俗体育的地域性特色极强且主要是由于自身社会环境

---

① 万会珍,骆方成.中原民俗体育文化的特点及其资源开发[A].2014年第二届海峡两岸体育运动史学术研讨会论文集,2014:6.

的改变而相应变迁。第三,关于文化依附性的变迁。天津民俗体育主要依附于各种信仰崇拜、岁时节令、休闲娱乐等活动,如妈祖庙祈福、传统舞龙舞狮、踩高跷等多依托一定的节庆民俗。随着中国文化走向世界,越来越多的国家开始欢迎和接纳中国民俗体育项目。我国舞龙舞狮不仅成为竞技运动中独具民族特色一项比赛项目,还通过网络媒体平台等融媒体传播方式向世界传播中国的民俗体育文化。这些传统民俗体育活动从过去依附于某个传统节日节令到如今依托整个国家发展的强大力量。

八、传承本体方式变迁

优秀的民俗体育是中华民族独有的精神象征和文化标识,有利于提高我国文化自信、文化自觉,成为实现中华民族伟大复兴中国梦的巨大推动力量。文化应当被传承,文化唯有得到传承,才能被永远铭记[①]。天津民俗体育项目从家族或自身的内部传承,扩展到大运河文化带建设发展助力下的外部传承,是其自身懂得把握时代发展机遇、结合自身发展实际及时恰当地变通传承方式的结果。天津民俗体育作为独具特色的区域文化,在保护传承的过程中离不开政府层面在人力、物力、财力等方面的大力支持与帮助。天津市政府有关部门高度重视民俗体育项目的保护传承和利用发展工作,积极推动民俗体育项目的保护传承工作的开展。但目前仍有一些民俗体育社会组织散落于天津的不同地区,没有在政府部门进行登记。

一些较有代表性的非物质文化遗产,作为特殊的民俗体育文化元素,被政府部门集中于天津古文化街等文化场域与文化空间,进行保护与展示。这些项目在促进当地经济发展的同时,也向外界不同人群展示其传统工艺,以此作为一种传承发展方式。这样一来,既能解决"非遗"传承人自身的生计问题,又能宣传天津特色非物质文化遗产,还便于政府进行集中管理。此外,

---

① 马晓伟.体育文化生态系统视域下雷州民俗体育文化的生态内涵与传承策略研究[J].当代体育科技,2022,12(33):166-170.

还有另一条重要的传承路径,就是教育传承。进入新时代以来,各级教育部门高度重视民俗体育的挖掘与保护传承工作,其中学校是中华优秀传统文化传承发展的主阵地[①]。教育部门应当积极组织天津民俗体育的传承人,承担起天津民俗体育项目的保护传承工作;结合天津民俗体育的具体情况和项目特征,挖掘整理符合现代教育观念的民俗体育文化,将天津民俗体育引入学校教育体系,积极吸纳并融入学校课外体育活动,并与各种体育社团有机结合,共同促进天津民俗体育的发展与传承。最后,《2022 年中国演出市场年度报告》显示,2022 年,中国专业表演团体开展的各类线上演出达 1. 21 万场次,观众规模达 57. 3 亿人次,演出中相当一部分节目与民俗体育有关。通过演出,扩大了这些民俗体育项目的知名度和影响力,也让民俗体育重新回归年轻人的视野,并走在时尚的前沿。由此可见,利用互联网、数字传播等融媒体传播方式能够让更多人"看见""观赏""体悟"民俗体育,也已成为扩大民俗体育"社会能见度""社会曝光度""社会关注度""社会监督度""社会追踪度""社会回应度"等的必由之路。

---

① 姚琼,张懿,马晓伟.民俗民间体育文化在中小学传承的价值和策略——以雷州为例[J].体育文化导刊,2020(2):97-102.

第八章 大运河文化带天津民俗体育发展问题、阻碍因素与发展对策

第一节 大运河文化带天津民俗体育发展的现实问题

一、民俗体育传承群体的逐渐减少

民俗体育中的稳定性与变异性是支撑民俗体育延续至今的两个重要特征,其中稳定性更多体现在民俗体育的集体性之中①。比如,静海区的大六分村登杆,相传兴于西汉时期的"猕猴缘杆",指的是人们像猕猴一样赤脚往杆子上爬,向上天求雨,是民众祈求美好生活的一项活动,清朝乾隆年间,该活动传到大六分村,传承至今。登杆活动反映了人们对于自然神灵的崇拜,至今大六分村还保留着为此修建的祠堂。如今,大六分村登杆已经成为"非遗"项目,但是参与的人越来越少,尤其难以看到青壮年参与者,大多是一些中老年人在苦苦支撑。

天津民俗体育活动原本是带有祈福、祭祀性的一种活动,多出现在人们节庆时休闲娱乐、联系情感的公共场合。随着城市化和工业化进程的加快,

---

① 苏转平.试析民俗体育的基本特征[J].体育文化导刊,2015(2):199-202.

乡村社会结构发生巨大变革,人们追求的价值观也开始转变。更多的人选择背井离乡,进入工厂谋求生计。在工厂工作的大部分是中青年群体,他们由于工作压力大,生活节奏快,根本无暇参加体育活动,但是这个年龄阶段的群体恰恰是民俗体育活动的主体①。另外,在西方竞技体育文明的冲击下,人们有更多的机会去选择简便易行的西方竞技体育项目,并以此来放松身心,强健身体。而我们的民俗体育项目还没有完成现代化的良性变异,传承人群自然会逐渐减少。此外,我国关于民俗体育保护,尤其是对于民俗体育传承人保护的法律法规还有待完善。更有甚者,某些地区轻视传承人的重要作用,仅把保护传承工作停留在"纸面上""墙壁上"和"口头上",并没有真正予以贯彻落实②。民俗体育传承人才是民俗体育的灵魂,因此培养传承人才是关系民俗体育及其文化能否传承延续下去的关键因素③。

二、民俗体育内在价值认知的缺失

特有的地理环境、生产方式、价值观念和宗教信仰是民俗体育保护传承与发展的源泉和土壤,然而在当今全球化发展的时代背景下,民俗体育正受到前所未有的冲击和碰撞,威胁着民俗体育的生存和发展④。我国民俗体育项目大多分布在民间,且以乡村居多。以大运河天津段的民俗体育为例,如林亭口高腿子高跷在宝坻区林亭口镇开展较为红火,大六分村登杆在静海区大六分村开展较多,而距离大六分村不远的乡镇又有另外一种登杆民俗,尽管都是登杆,但是在活动方式上略有不同,正所谓"十里不同风,百里不同俗"。正是各地生活方式的差异和人员的不断流动,造就了各地民风民俗的

① 郎勇春.城镇化变迁中的孝桥镇民俗体育[J].上海体育学院学报,2007(2):29-33.
② 沈宝刚.非物质文化遗产保护视野下民俗体育文化研究[D].华中师范大学,2013.
③ 陈永辉,白晋湘.非物质文化遗产保护视角下我国少数民族民俗体育文化资源开发[J].武汉体育学院学报,2009,43(3):75-80.
④ 张国栋,刘坚,李运,等.我国民俗体育发展现状及对策研究[J].西安体育学院学报,2008(1):4-7.

差异。随着现代人的生活方式和价值观念的转变,民俗体育产生的社会文化基础也在悄然发生改变。

民俗体育本身具有深厚的文化内涵,寄予了人们的精神追求与宗教信仰,成为地域与传统文化联结的纽带。随着时代的发展与社会环境的改变,民俗体育逐渐失去了原有的文化内涵,只保留了外在的表现形式。现代人大多将民俗体育活动单纯当作一种民俗表演形式,忽略文化认同的意义。大多数年轻人自幼接触到的是西方现代体育竞技项目的训练,缺少对本土传统节日及民俗体育的正确认知。依托传统节日文化的民俗体育项目正在逐渐淡出人们的视野,远离村落历史的舞台,我们民族的传统民俗体育活动的传承正面临严峻的挑战。再者,近年来,我国农村地区的社会结构发生重大变革,年轻人大多选择背井离乡,外出打工,留守的多为年幼的孩童与耄耋之年的老者,民间民俗体育项目后继乏人。而漂泊在外的打工人又对民俗体育的传统缺乏一种文化认同感,加上工作压力与生活负担,无暇顾及或者没有传承发展这些传统体育项目及其文化的驱动力。中国自古以来属于农业大国,农业文化是中国传统文化的家底与根脉,也铸就了中国民俗体育浓厚的乡土特征,天生具有区域性、融合性与和平性。而反观西方国家,尤其以欧洲各国,地处地中海,属于外向扩张性海洋文化,自古以来就携带着掠夺性、侵略性或武力夺取性等特征[①]。相对于较为强势的西方海洋文化,中国内敛柔和的乡土文化有时会处于弱势一方,亟须唤醒文化自信、文化自觉与文化自强,实现中华民族的伟大复兴。

三、部分民俗体育出现恶性化变异

我国各民族分布的显著特征为大杂居,小聚居,交错杂居,不同地区的民俗体育多是通过民间风俗习惯发展传承。各民族之间的交往、交流与融合推

---

① 黄聪,李金金.村落民俗体育文化传承问题的社会根源及解决对策[J].北京体育大学学报,2018,41(12):123-129.

动了各地经济和文化的发展,一些民俗特色体育活动也在这个发展过程中实现了传承与创新。当这种文化遗产进入不同时期、不同地域、不同种族时,不变异、不创新就无法传承和流传,因此为了传承与发展,需要必要的变异与创新①。很多学者对民俗体育未来的发展作出研究与设想,但是落实到具体的地方或区域时便会产生各种水土不服现象,甚至不断出现加速民俗体育衰亡的现象。以体育旅游为例,如果缺乏良性引导,就会对民俗体育生存造成巨大的伤害。比如,一些民俗体育在旅游部门的运作下出现了恶劣的"失真"现象。在金钱的驱使下,民俗体育表演由专业的团队把控,而民俗体育真正的主体——当地的村民却不能"亲身"参加"当地"的民俗体育活动②。正是这种"失真性""作秀式""欺骗式"民俗体育体验使得民俗体育失去了浓郁的乡土风味,也脱离了深厚的群众基础。

此外,在现代竞技体育的影响下,民俗体育过度竞技化也给自身的传承与发展带来了严重的恶性变异。众所周知,大部分民俗体育依靠传统节日、岁时节令等特定时间节点加以展开,通常具有时间性和季节性等特征,因此在空间上的发展更具有活力和生命力。比如,在端午时节的赛龙舟,通过龙舟竞技把民俗活动的竞技性、娱乐性、祭祀性以及深厚的精神内涵很好地表现了出来。随着东西方体育文化的冲突、碰撞与融合,很多传统民俗体育,在提升发展水平的道路上朝着过度竞技化的方向越走越远。绝大多数民俗体育在竞技化或者走向奥林匹克运动中时,其竞赛规则、裁判方法、器具配备等方面没有一个统一的、科学的标准,却想要借助奥林匹克运动会或者竞技化来让更多的民众参与其中,是很困难的事情。古老民俗体育朝着现代体育发展,需要一个过程③。因为凡事不能一蹴而就,需要一个不断调和、适应的过程,这样才能实现融合发展。

---

① 倪依克,胡小明.论民族传统体育文化遗产保护[J].体育科学,2006(8):66-70.

② 何平香,郑国华.我国民俗体育文化遗产的现代性生存——以江西中村和广西平村为例[J].武汉体育学院学报,2017,51(12):58-67.

③ 冯宏伟.新时代农村地区民俗体育的发展:形式、局限与路径[J].北京体育大学学报,2018,41(10):125-132.

四、缺乏整体规划,后续发展疲软

传承、发扬民族传统体育,有助于满足人民群众日益增长的体育健身需求,对建设体育强国、传承弘扬中华优秀传统文化等方面均具有重大意义。近年来,国家陆续出台一系列政策、法律、法规,意在推动全民健身与实施乡村振兴,将民俗体育与乡村振兴联结在一起。大多数民俗体育组织为民间组织,一般来说多是自发性组织,其特点是政府参与较少、结构松散、随意性强。民间民俗体育活动大多缺乏周密严格的组织与管理,活动过程中容易出现没有预估的风险,存在安全隐患,极易发生伤亡事故。那些具有对抗性、竞争性的民俗体育项目,尤为如此。例如,2022 年 4 月,在广西桂林组织举行的龙舟比赛过程中,龙舟侧翻导致 17 人溺水身亡重大安全事故。经调查,造成该事故的原因,主要是训练前缺乏科学的指导与规划,没有排除潜在的安全隐患。

当地政府的持续关注与倾向性的政策支持,也是民俗体育得以延续发展的重要保障。以湖南常德汉寿龙舟发展为例,2004 年,汉寿龙舟开展得十分红火。端午节期间,汉寿各村基本上都会铸造盛大的龙舟,举行龙舟下水仪式,吸引十里八乡的村民纷前来,为船队摇旗呐喊,好不热闹。然而 2007 年,当地各村领导班子成员的更替,对龙舟运动的重视程度大打折扣,致使龙舟训练与赛事几乎无人问津。然而,实际情况是汉寿当地村民一直期望政府出面举办大型龙舟赛事,并在媒体上呼吁政府关注龙舟竞渡项目的发展。有鉴于此,2021 年伊始,汉寿政府重新重视起汉寿龙舟的发展,决定举行大型端午龙舟赛。民俗体育及其文化的背后蕴含的是"乡土记忆""故土情结",是联结传统记忆与现代情感的纽带。民俗体育的保护传承与发展创新,只依靠民间组织的力量远远不够,需要当地政府的高度重视,制定长远发展规划,并付诸实际行动,才能走得顺畅、传得久远。

第二节 大运河文化带天津民俗体育
发展的阻碍因素

一、现代社会转型对民俗体育文化发展的冲击

民俗体育是由广大民众所创造、享用、传承的模式化的生活文化,是传统的、伴随着某种仪式、寄寓着某种精神的民间文化①。民俗体育作为一种文化形态,诞生之初就带着鲜明的人类生存属性。人类从原始社会演进到农耕社会,虽然在劳动工具上发生了历史性的飞跃,但是认识自然和改造自然的能力依然不足,原始先民笃定万物有灵,于是创造出众多人格化的神。为了克服对大自然灾害的恐惧,获得天神的庇佑,他们依托巫术、图腾崇拜、神灵祈祷等简单形式,表达美好的祈愿,民俗体育活动大多由此演变而来。除了对自然的恐惧之外,频发的战争也促使人类期望身体、精神、心灵方面有更多的寄托,因此民俗体育自然而然地增添了一些祈祷神灵和信仰宗教的色彩②。例如,龙舟竞渡来源虽然说法不一,但大致有两种说法。一是对龙图腾的崇拜;二是民众以此纪念大诗人屈原。其实无论是图腾的崇拜,还是祭祀祈福,均体现出当时的人们对主宰自己的命运、对主宰自然界各种现象的超自然力所表示的尊重、崇敬和惧怕③。又如,民间早有"先有娘娘宫,后有天津城"的这一说法。天津素有运河载来的城市之称,元朝时,天津已经成为军事重地和漕粮运转中心,随着外来人口,尤其是东南沿海同胞的不断汇

---

① 涂传飞.民间体育、传统体育、民俗体育、民族体育概念再探讨[J].武汉体育学院学报,2009,43(11):27-33.

② 吴宋姣,熊禄全.民俗体育生存文化本相的符号变迁[J].体育学刊,2017,24(1):26-31.

③ 胡娟.我国民俗体育的流变——以龙舟竞渡为例[J].体育科学,2008(4):84-96.

入,妈祖信仰随其传入天津并渐趋扎根繁盛于此。也就是说,天津民众对妈祖文化的信仰、崇拜与祭祀早于这座城池的建立,而妈祖祭祀也汇集保存了众多的天津民俗体育活动。现代社会更多强调的是理性与科学,社会生产方式从手工技艺趋向机械化运作,从老农村乡规民约向新农村建设的"法制""民主"观念过渡。民俗体育作为我们的传统在发展过程中不断与时俱进,但不论民俗体育文化中的理性程度有多高,其非科学性、非理性的文化才是民俗体育的精髓①。我们不得不承认,现代文化的冲击已经淡化了民俗体育中所包含的祈愿、信仰抑或内核精神等内容,民俗体育逐渐趋于健身娱乐的生活主题。

二、共享价值缺失导致民俗体育发展动力不足

近年来,民俗体育的发展出现疲软的迹象,究其因主要在于以下两个方面。第一,强势的外来体育项目挤压了本土传统民俗体育项目的生存空间。第二,原本的社会文化形态、结构和属性发生了质的变化,实现了层次上的跃迁,却在历史的扬弃中"辩证式"否定了原始形态的固有文化。民俗体育最大的问题不在于文化的没落,而在于其内涵文化价值的消解和价值的坍塌②。随着农村城镇化进程的不断加快,原有的城乡发展时空布局的"二元化"状态被打破,社会基层的物质、制度、精神等层面均发生了翻天覆地的变化。在乡村,大量的青壮年劳动力开始涌入城镇谋生,出现农村"空心化"现象,乡村区域、族群和年龄段结构都发生了巨大变化,这一变化对经济的增长和城市的社会发展是成正比的,但是这对民俗体育事象及其文化内涵和特质

① 王若光,啜静,刘旻航.我国民俗体育现代化演进问题研究[J].南京体育学院学报(社会科学版),2012,26(6):10-15.
② 刘旻航,李储涛,赵壮壮.民俗体育文化价值演进规律研究[J].体育科学,2012,32(6):85-89.

所产生的影响则是负面的①。乡土结构的变革,使乡土社会充斥着利己主义、拜金主义和极端的个人主义,羁绊乃至阻碍了民俗体育的保护传承与高质量发展。

我们的民间民俗体育不论怎样传播、不论处于怎样的社会环境,都需要依靠人们的群体行为来共同完成。因此,在一定的社会环境中,必然有某些因素直接或者间接地影响着民俗体育传承与发展②。乡村城镇化的变迁致使当地青壮年大量流失,导致民俗体育传承主体的极度缺乏。更为致命的是,民俗体育的保护传承缺乏应有的内生驱动力。例如,大运河文化带沿岸天津市西青区某村落,原本以祈福祭拜为主题,用来加强各村之间的交流,娱乐身心的民俗体育活动在经济利益的驱动下被开发成一个专门的民俗表演项目,用来供游客观赏的是以盈利为目的、专业的民俗表演团队,而不是"地地道道的"当地村民。当地村民已经很少参加类似的民俗体育活动了③。所以,当民俗体育这种群体性的、"原真性"的娱乐活动成为赚钱工具后,这一项目就变得面目全非,失去原有的文化意蕴。如果人们是在金钱利益的驱使下参加民俗体育活动,那么文化就会"降维"变成"生意",其蕴含的文化内涵及其精神价值就会不断消弭。而体育民俗的"本真"也将在利益的驱使下,逐渐远离村民的日常生活与信仰。试问,如果没有老一辈人的诚心坚守,又缺乏年轻人的参与热情,那么民俗体育的未来又在何方?

三、社会关系的变迁导致民俗体育组织的瓦解

众所周知,社会结构就是社会诸要素及其相互关系按照一定的秩序所构成的相对稳定的网络。根据其理解可以划分出三个层面,即实体性社会结

① 黄聪,李金金.村落民俗体育文化传承问题的社会根源及解决对策[J].北京体育大学学报,2018,41(12):123-129.
② 盛琦,丁志明.中国体育风俗[M].天津:天津人民出版社,1992.
③ 何平香,郑国华,吴玉华,等.我国民俗体育文化遗产的现代性生存——以江西中村和广西平村为例[J].武汉体育学院学报,2017,51(12):58-67.

构、规范性社会结构和关系性社会结构。我们可以把社会关系看作一个整体,不是简单的叠加而是按照一定的秩序和相互的关系组合而成,其中相互社会关系便是最本质的一层①。冯骥才先生诸多小说中的宗族日常活动、代表人物的言行举止、婚丧嫁娶的风俗礼仪等方面生动地展现了乡土中国的社会形态、权力结构、社会关系和运作机制②。其中祠堂便是其小说所描述的当时最典型的社会关系标志,从功能角度来说祠堂是宗族用来统一意志、控制人心的一种工具③。同时祠堂又是家族的象征,是祭祖的圣地④。又如,天津市一些乡村的民俗体育活动演练过去也是以祠堂为据点与场域空间发展起来的,当地的青壮年男子农闲时节便会去祠堂切磋,练基本功⑤。民俗体育活动也是宗族崇拜的一种表现,通过这种活动可以凝聚家族民众,实现家族内部的共情。新中国成立之后,大家族从制度上来说已经不复存在,作为其内在凝聚力的家族祠堂虽然存在,却已经失去了原有的凝聚力。随着社会从农业化向工业化的极速变革,工业化和城市化打破了原有的城乡平衡,改变了农村的社会结构⑥。特别是 20 世纪 50 年代以后,国家政权对乡村社会生活的高强度渗透,乡村社会变迁中村落公共空间的演变,已经使原来的乡村结构与乡村经验远离了当下的社会生活⑦,一定程度上弱化乃至消解了民俗体育传承发展赖以依托的民俗体育志愿组织。

---

① 李培林.关于社会结构的问题——兼论中国传统社会的特征[J].社会学研究,1991 (1):77-83.

② 袁红涛.宗族村落与民族国家:重读《白鹿原》[J].文学评论,2009(6):85-89.

③ 陈瑞.明清时期徽州宗族祠堂的控制功能[J].中国社会经济史研究,2007(1): 54-63.

④ 朱华友,陈宁宁.村落祠堂的功能演变及其对社会主义新农村建设的影响——基于温州市莘塍镇 50 个祠堂的整体研究[J].中国农村观察,2009(2):86-94.

⑤ 郎勇春,周美芳,程其练,等.江西民俗体育文化的现代流变——以江西永新盾牌舞为例[J].体育学刊,2009,16(12):96-100.

⑥ 陈昱洁,李俊龙,周思颖.乡村社会结构与变迁研究综述[J].农村经济与科技,2015, 26(6):193-195.

⑦ 曹海林.乡村社会变迁中的村落公共空间——以苏北窑村为例考察村庄秩序重构的一项经验研究[J].中国农村观察,2005(6):61-73.

第三节　大运河文化带天津民俗体育
发展的相应对策

一、创建民俗体育校本课程，丰富保护传承路径

从整体来看，民俗体育与学校体育可以看作一个共生系统，学校体育与民俗体育的交融对于双方的影响都是积极的。学校具有教育功能，文化的传播、道德的培养、价值观的养成、学生的成长都与教育息息相关，学校体育与民俗体育的互通可以消解民俗体育边缘化的现状[①]，丰富民俗体育保护传承与发展传承路径。相比于现代竞技体育，民俗体育内容丰富，具有深厚的文化性与趣味性，既带有游戏属性，也带有竞技"外壳"，不论竞技水平高低都可以参与其中，这可以缓解学校体育枯燥无味的现状[②]。

随着城镇化的变迁，乡村社会结构的"空心化"和"去青壮年化"、人们价值观的转变、传承主体的缺失和文化语境的消弭，民俗体育亟需通过学校体育来实现创新性发展与"活态化"传承。新时代的校本体育课程改革要求立足于学生的个性化、全面化的发展。所以开发校本体育课程要打破以往的"刻板印象"，杜绝仅仅将民俗体育的"空壳儿"加入学校体育，却把民俗体育真正的精神内核摒弃在外的现象。具体而言，我国民俗体育不仅要以汉族文化为主体，而且要把少数民族的民俗体育文化囊括其中。故而开发各地区的民俗体育校本课程，可以生动地诠释各地的风俗文化，消解因经济发展不平衡不充分而引发的教育资源配置不均衡不充分现象。让民俗体育文化沁入

---

① 彭响，朱亚成，刘如，等. 民俗体育与学校体育动力、机理的耦合发展及路径研究[J].
哈尔滨体育学院学报，2018，36（3）：66-71.
② 王俊奇. 中西方民俗体育文化[M]. 北京：北京体育大学出版社，2008.

校园文化建设之中,充分发挥其显性与隐性的校园文化功能,以达到润物细无声的育人效果。与此同时,切忌这些内容的强行融入与"干瘪说教",以免引发学生的不理解乃至抵制情绪与行为。

我国民俗体育种类繁多,故而选择哪些民俗体育项目进入校园,成为校本体育课程遴选需要认真斟酌的问题。首先,判断民俗体育资源价值;其次,考量民俗体育资源选择的依据;最后,关注民俗体育资源引进之后的理论建构和教学方法安排等。遵照这一逻辑,民俗体育项目"进校园"可以采取以下步骤。第一步,整体调查梳理本区域民俗体育资源,确定其实际价值与当代价值观的契合度。或者根据不同年级学生的身心健康情况、思想成熟程度等客观因素来选定民俗体育项目。第二步,根据当地学校的具体情况而定。综合考虑学校的软硬件设施,如师资配备、场地器材、专项资金划拨等情况,确定能否开设此类民俗体育项目。以龙舟为例。龙舟是一项极具团结拼搏精神的运动项目,既可以锻炼身体,也可激发团结协作精神,但是龙舟活动需要在水中进行,且具有一定的危险性,需要在水域开阔的地区开展。或者,也可以改变思路,对该项运动在保留其精华的基础上进行改造,无水便可以改为趣味"旱龙舟"或者"冰上龙舟",以龙形充气球为船体或者采用竹条制成的船体来代替传统龙舟等。第三步,充分考虑教育的主体——学生的基本情况。学生的发展才是学校体育的核心,也是资源改进和制度完善的基础。学校需要建立一套完整的以学生为主的课程教学评价体系,为民俗体育校本课程的发展注入可持续发展的内在动力[①],同时提供外在的监督、评价与奖惩长效机制。

二、激励乡土民俗良性发展,促使文体深入融合

近年来,席卷全球性的流行商业文化加速了本土文化的"粗鄙化""降维

---

① 田菁,朱咏贤,蔡犁.体育课程内容资源引进的理论研究[J].上海体育学院学报,2007,141(2):84-87+94.

化"进程,如今的民俗节庆通常是"文化搭台,经济唱戏",节庆本身的意义却被越来越多的人淡忘①。换言之,近年来,我们的民族文化正在悄无声息地走向"粗鄙化""庸俗化",不仅损害了传统民俗文化,降低了民族素质,最危险的就是导致民众丧失了文化自信②。我们的民俗传统体育承载了深厚的文化底蕴,从内容到形式无不体现出传统文化中"天人合一""身心合一""知行合一"的价值观③,成为人们的历史文化记忆。有鉴于此,我们保护传承利用发展民俗体育,既要改善文化生态环境,又要保护历史文化底蕴,让传统文化和现代生活共生共存。

传统民俗体育原是日常生活不可分割的一部分,民众自然参与其中,深刻感知其丰富的内涵及独特的精神。但随着现代社会生活方式和生活环境的变迁,民俗体育逐渐淡出了人们的日常生活和视野所及,与此相伴随而去的是人们对历史传统的文化记忆与文化体悟。从历史发展来看,传统民俗体育活动往往依托传统节庆中的盛大仪式,也有些是人们日常消遣娱乐的节目,如投壶、蹴鞠、荡秋千等,这些民俗体育游戏可供大众在闲暇时间消遣娱乐。从社会价值来看,民俗体育以娱乐、仪式、祭祀和祈福为主。民俗体育活动可以通过各种民俗节日、祭祀仪式等将村民紧密联系在一起。民俗体育活动构成了当地居民所独特的社会记忆和文化记忆,故而需要加强制度顶层设计,有效统筹、保护、利用、传承这些民俗体育以及体育类非物质文化遗产,进而强化族群的认同感、凝聚力和向心力。定期举办民俗传统体育赛事通常是当地重要的传统习俗,这种风俗习惯有很大一部分需要依靠"舆论"的方式互相传递④。当地政府可以依托媒体加强宣传,引导舆论,以此唤醒沉睡在乡村的"隐形治理"体系。例如,上海某地的花棍舞民俗,便是通过举办各种

---

① 仲富兰.尴尬的传统节日[J].社会观察,2005(7):24-25.

② 冯骥才.警惕中国文化的"粗鄙化"[J].西部大开发,2012(8):115.

③ 刘旻航,李储涛,赵壮壮.民俗体育文化价值演进规律研究[J].体育科学,2012,32(6):85-89.

④ 韦晓康,蒋萍.民俗体育文化在社会治理中的作用研究[J].中国体育科技,2016,52(4):31-37.

创意比赛,各级领导的引领号召,以及微电影拍摄、电视报纸等融媒体的宣介、名人效应等手段来提高地方的认同度,提高民众的地方归属感①。因此,通过政府舆论的引领,注重民俗体育中的仪式规范,在庆典中增设民俗体育小型比赛抑或以娱乐游戏的模式让居民参与其中,再让融媒体等现代传播媒介予以正确、良性宣传,提升民众的参与感与认同感,无疑会提升民俗体育的话语权与影响力。

三、加深民俗体育文化认同,助力乡村文化振兴

文化认同是对富含个性化的人文精神和文化传统内容的认同。地方民俗体育活动与社会底层民众的群体文化是息息相关的,民俗体育活动的保护传承与推广对于推动乡村文化繁荣、纯净乡风村规、提高乡村的凝聚力等方面具有重要意义②。新农村建设已经使各地农村地区的生活生存环境发生了重大提升与改观,社会环境的改变必然促使民俗体育做出符合当代主流价值观的转变。对于民俗体育所蕴含的历史文化价值,我们需要用批判的眼光加以审视,取其精华,去其糟粕,再结合当下时代的潮流与特色,实现由传统体育文化向现代体育文化的转变。只有与时俱进,民俗体育才会在西方强势的竞技体育文化的冲击之下,立于不败之地。但是,真正的传统文化的传承发展总是以保持自身的文化精髓为前提的③。如果过度追求经济化、利益化、竞技化、模式化、产业化发展,就会磨损掉民俗体育内在的文化底蕴与活力生机,所以应该在保护中发展,在发展中保护,既要改善民俗体育的生存环

---

① 段丽梅,杨小凤,张伟,等.传承与俱进:民俗体育文化认同的现代化路径分析——以非遗项目花棍舞(打连湘)为个案[J].南京体育学院学报(社会科学版),2016,30(2):38-42+80.

② 崔涛.民俗体育助推乡村振兴价值审视与实施路径[J].体育文化导刊,2021(12):58-65.

③ 刘坚.云南省少数民族传统体育非物质文化遗产保护与传承研究[D].北京体育大学,2012.

境,又要保护其历史文化底蕴。

利用民俗体育助力乡村文化振兴最主流的方法有两种。第一种,开发民俗体育旅游资源,促进乡村文化的繁荣发展;第二种,促进民俗体育产业化发展,推动乡村产业振兴。这两种方法都需要以政府部门为主导,以免形成资本的过度干预,导致民俗体育朝着过度利益化的方向异化发展。民俗体育旅游是体育产业的重要组成部分,而打造良好的体育产业与建立完整的体育生态环境是息息相关的。单纯依靠体育文化产业发展,带动民俗体育的保护传承和乡村文化振兴的道路会走得比较艰难。因为只有现代体育资源与民俗体育资源相辅相成和谐发展,才能打造出符合现代社会生活的体育文化生态圈。

在一些国家和地区,发展乡村体育其实是一种社区参与的援助型策略,其打造体育旅游小镇均是赛事体系为主的体育休闲体验小镇。反观国内,大部分乡村无法复刻这种模式,这主要是囿于我国农村地区的文化传统和农村地区基础设施较为薄弱之客观现实。现代社会,人们生活节奏加快,处于钢筋水泥丛林中的城市居民常会感到身心疲惫。逃离都市,回归大自然,在环境优美的乡村环境中体验"慢生活"成为众多年轻人渴望的休闲娱乐方式。有鉴于此,各地根据自身的地理优势,因地制宜打造体育旅游胜地或者体育特色小镇成为发展经济的一种手段与思路。比如,天津蓟州区地处山区,可以利用自身优势开展露营、攀岩、漂流、垂钓、滑雪等休闲体育活动。再者,可以根据当地的民俗体育资源开展节庆民俗体育活动。例如,津南区的各种高跷民俗文化,一月两次或者一月一次,举办为期一周的民俗展览运动会,吸引周围群众参与。在此期间,村民可将当地特色农作物、特色"非遗"手工产品等进行展览售卖,带动当地经济的发展,提高居民的获得感、幸福感。

四、坚定民俗体育文化自信,扎根本土走向世界

民俗体育是人类文明活动的重要组成部分,不仅具有深厚的历史背景、

特有运动形式①，而且成为连接不同地区、种族和文化的重要桥梁，既促进了各国社会、文化、经济和政治的交融，又成为全球范围之间交流、交往的重要手段。因而，如何在坚守传统文化的基础上走出自己的可持续高质量发展之路，并在包容与融合过程中走出国门走向世界，推动世界和平、发展与稳定，无疑成为各国民俗体育发展的当下使命与重要任务。我国民俗体育发展也概莫能外。天津民俗体育发展可以从以下两方面着手。

一方面，坚定民俗体育文化自信。坚定文化自信是民俗体育可持续发展的关键，毕竟文化自信是更基础、更广泛、更深厚的自信，是新时代中国不可磨灭的精神底色。悠悠中华五千年的历史文化积淀和十四亿多中华儿女的共同坚守和接续传承创新是中华民俗体育文化自信最为厚重的土壤与依托。例如，2023年，贵州"村超"以独特的文化自信、青春活力、乡土味道和民俗魅力等元素而火爆"出圈"；每逢比赛日，各族民众齐聚赛场，比赛间隙，近万名各族同胞手牵手、心连心"互动、表演或展示"民族体育舞蹈或者民俗体育事项，汉族、苗族、侗族等20多个民族"像石榴籽一样紧紧抱在一起"，生动展现了新时代中国民族团结、携手发展，共同筑基"中华民族共同体"伟业的和谐场面。又如，每年农历六月初四开始，内蒙古锡林郭勒盟会举办为期5天的那达慕大会，届时蒙古族、鄂温克族、达斡尔族等少数民族民众齐聚一堂，共同完成摔跤、赛马、射箭、套马等民族传统体育项目，共同谱写"中华一家亲"温馨故事。而在重要节日庆典期间，天津市民则会自信满满、兴高采烈地开展高跷、捷兽、中幡、杠箱、法鼓、重阁、跑落儿等民俗体育活动。存在的就是合理的。天津民俗体育赓续至今，弥足珍贵，故而一定要坚定文化自信，将民俗体育传承好、保护好、发展好。习近平总书记指出，发展体育事业能够为中华民族伟大复兴提供凝心聚气的强大精神力量。因此，要坚定文化自信，在传承中华优秀传统文化的基础上，推动天津民俗体育文化创造性转化、

---

① 新华社研究院. 迈向体育强国之路——习近平关于体育重要论述的时代价值与世界启示[EB/OL]. http://www.news.cn/politics/leaders/20240827/f20a40940f7d4ab0a3e3b714aeef0461/c.html. 2024-08-27.

创新性发展。

另一方面,要推动民俗体育扎根本土走向世界。作为一种共同的仪式和活动,民俗体育能够唤醒集体记忆、强化共同情感,在共同体成员之间搭建起"相互联结的意向",推动民族——这一"想象的共同体"由"想象"走向真实。有鉴于此,天津民俗体育,首先应该扎根本土,在传承中华优秀传统文化的基础上,推动创造性转化、创新性发展。其次,以文化自信和开放的心态走向世界,寻找文化交流与合作的最佳方式。近年来,天津民俗体育以更加开放、自信、包容的形象走出国门、在快步走向世界舞台方面取得了一些可喜成绩。例如,武术被列入第四届青年奥林匹克运动会正式比赛项目,太极拳被列入联合国教科文组织人类非物质文化遗产代表作名录,龙舟作为表演项目亮相东京奥运会……毋庸置疑,武术、太极拳、龙舟、舞龙舞狮等优秀民俗体育项目纷纷走出国门,不仅受到世界人民的尊重、喜爱、关注和掌声[1],而且让全世界看到了中华优秀传统文化的深厚积淀,看到了中国开放包容、昂扬进取的时代风貌,看到了中国人民的志气、锐气和底气[2]。与此同时,需要牢记:在积极推动民俗体育走出国门走向世界的全球化传播过程中,需要尊重各国的文化差异,注意文化的适应性和尊重性,避免将地方文化强行融入国际化的框架中,避免文化的"西化"、泛化或误读,确保天津民俗体育文化传统和精髓不被稀释、淡化乃至异化。

五、激发民俗主体创新活力,赓续民俗体育精髓

自 20 世纪初期开始,体育现象逐渐扩展至社会诸多领域并呈现出"井喷式""复杂化"发展态势。体育社会学理论认为,就内向维度而言,体育能够

---

① 黄海燕,胡佳澍.新时代体育强国建设的内涵、任务与路径[J].上海体育学院学报,2023,47(11):1-16.

② 习近平.习近平在接见第 33 届奥运会中国体育代表团时强调:戒骄戒躁 再接再厉 为建设体育强国再立新功[EB/OL].https://www.sport.gov.cn/n25174756/c28031232/content.html.2024-08-20.

促进个体的发展和人的社会化进程;就外向维度而论,体育则与社会其他各领域、社会现象紧密联系,既受制于整体社会环境,又能对政治、经济、文化、军事等社会子系统施以影响。与传统社会中体育作为政治亦或是文化产物不同,现代体育早已深度融入经济体系之中,围绕体育产生的经济价值在各国 GDP 占比中越来越高。据国家体育总局和国家统计局统计,近十年来,我国体育产业整体规模和产值大幅跃升。2022 年,全国体育产业总规模(总产出)为 33008 亿元,增加值为 13092 亿元。从内部构成看,体育服务业增加值为 9180 亿元,占体育产业增加值的比重为 70.1%,体育用品及相关产品制造增加值为 3686 亿元,占体育产业增加值的比重为 28.2%[①]。由此可见,体育本身业已成为现代经济必不可缺的"一环",围绕体育所产生的经济价值也水涨船高。

近年来,随着中国社会主义市场经济体制不断完善,市场力量、社会力量、家庭力量的日益崛起以及中国人体育观的更新迭代,传统的体育产业经济模式已经不再适合现代的社会主义市场经济,亟需在尊重传统的基础上,通过创新激发其活力,并探索其市场潜力,最终实现传统体育产业的经济转型。就民俗体育而言,核心的任务在于激发民俗体育主体的创新活力。众所周知,民俗体育往往依赖于传统活动和手工艺,具有鲜明的历史感和区域性。这种传统的文化载体虽然自带厚重的岁月积淀,但是也进一步加剧了传统民俗体育的地域限制,甚至无形中加深了与青少年之间的"鸿沟"。因此,首先需要鼓励民俗体育主体或者传承人主动开展民俗体育创造性转化与创新性发展。例如,通过融合现代设计理念或采用新兴材料等方式方法,重新设计民俗体育工艺品[②];或者通过互联网、大数据、虚拟现实、增强现实、人工智能等数字化技术"活态性"记录民俗体育事象和传播民俗体育故事,从而打破时空限制,有效吸引年轻人的兴趣,增强民俗体育文化的吸引力和市场竞争

① 王辉.二○二二年全国体育产业总规模与增加值数据发布[N].中国体育报.2024-01-01(03).

② 常国毅,马知遥.文化转型与非遗传承:兼对非遗历史性、社会性和生活性的思考[J].中北大学学报(社会科学版),2024(5):9-18.

力。其次,拓宽民俗体育文化市场,综合提升民俗体育影响力。民俗体育文化市场不仅包括传统的民俗体育事象展览和展演,还包括主动供给与现代消费需求相结合的文化产品和服务。因此,可以通过开发"民俗体育+旅游""民俗体育+文化""民俗体育+商圈"等新业态,以及通过在线平台虚拟体验等民俗体育文化创意等方式方法来提升民俗体育影响力,进而拓宽民俗体育文化产业市场。最后,应因地制宜制定相关配套政策,守住民俗体育市场推广的"底线""红线"。民俗体育的市场探索与扩展应注重文化与经济的平衡,坚决杜绝因过度商业化而导致民俗体育文化的变质和流失。总体而言,在推动民俗体育产业化的同时,需要保持民俗体育文化的真实性和原汁原味,使其在创新性发展、创造性转化以及产业化过程中依然能够传承其独特的文化精髓。

第九章 结论与建议

第一节 结 论

一、大运河文化带天津段民俗体育具有多重文化特质

天津作为一座具有悠久历史的移民型城市,承载着深厚的体育文化底蕴,拥有众多各具地域特色的民俗传统体育项目。这些传统民俗体育项目在大运河文化的滋养下,根植于精神、制度、行为与文化的方方面面。从物质层面来讲,天津民俗体育展现出了庄严神圣性、多重效益性、休闲娱乐性、求实致用性等文化特质。具体而言,庄严神圣性体现在宗教仪式与游神赛会中,人们通过民俗体育活动表达对神明的敬畏、对祖先的崇拜。而多重效益性体现在庙会、民俗旅游活动中,意在激发民俗体育产业活力,打造民俗文化品牌,实现经济效益、社会效益和人文效益融合发展。再者,休闲娱乐性体现在荡秋千、踢毽子等传统娱乐项目,形式简单而又具有文化内涵。最后,求实致用性体现在民俗道具强调实用性上,符合天津人务实求真的生活态度。就制度层面来讲,天津民俗体育具有原则坚守性、参与灵活性、礼仪规范性、守正创新性等文化特质。许多民俗体育项目强调团结友爱、尊老爱幼等道德规范,注重在体育之余完成对人的教化。比如,通过祭祀仪式、传统庙会上的民

俗体育活动来弘扬各民族的传统礼仪,传承历史文化情感。从精神层面来看,天津民俗体育呈现出"天人合一"性、百折不挠性、保家卫国性、情怀传承性等文化特质。"天人合一"性、百折不挠性和保家卫国性体现在传统武术的招式、套路与实际功用中。传统武术项目强调坚韧不拔的精神、顽强拼搏的意志力的培养,曾是战乱年代弘扬爱国情怀的重要途径。情怀传承性则体现天津民俗体育不断吸纳新兴体育项目,始终保持民俗体育文化的生命与活力。从行为层面来看,天津民俗体育还具有祭祀祈福性、身心兼修性、礼德并重性、虚实相济性等文化特质。民众通过参与各种民俗体育活动,表达内心的敬畏与祈愿,力求达到身心并完的理想状态,使民俗体育活动转化为一种有益的文化修养。综上所述,天津民俗体育不仅在物质层面呈现多样性的特点,更在制度、精神、行为层面展现出丰富的文化特质。这些民俗体育项目既承载着历史的文化记忆,又与当代社会生活相互融合,为天津这座古老而又现代的城市增添了独特的文化魅力与生机活力。

二、天津民俗体育的文化本质及其内涵保持相对稳定

天津民俗体育的外在表现形式是随着时代的发展不断变化的,其本质和内涵始终保持相对的稳定性。天津民俗体育是大运河文化带的重要组成部分,随着运河的盛衰交汇不断变换其形式,丰富其内涵。天津民俗体育是市民文化的重要组成,是该地区聚居的民众在日常生活中集体创造、共享、传承、发展而来的民风民俗与生活习惯,其外在特征又表现为历史性、传承性、开放性、包容性、融合性、多样性等特性,是普通民众在日常的生产生活中所集聚形成的历史文化现象。这种民俗体育无法脱离社会生活而独立存在,不仅是一种群体文化,而且是世代累积的群体智慧的结晶,值得我们高度重视。天津民俗体育以自身独特的魅力走进了大众的视野,并在社会中形成一种文化共识,不断吸引人民大众的持续关注。习近平总书记指出,历史文化遗产是不可再生、不可替代的宝贵资源,要始终把保护放在第一位。我们要高度

重视民俗体育文化遗产的保护与传承，像爱惜生命一样，珍惜、保护、利用好这些优秀的历史文化传统，让悠久历史文化与当下的现实生活融为一体，做到"古为今用"，有力推动民俗传统体育文化焕发出新的时代光彩。

三、天津民俗体育文化样态伴随社会意识形态而变化

党的十八大以来，在习近平总书记和党中央的领导下，各级党委和政府以更加自觉、更加主动的态度推动中华优秀传统文化的传承与发展。随着社会的不断发展和思想认知的不断提升，民众的思维也在不断更新进步，开始重视文化遗产的保护传承与利用创新工作。总体而言，应当始终坚持以社会主义核心价值观为引领，实现民众思想的发展性、创造性的转变。同时，民众的普遍思维认知又反过来影响所处社会的思想文化意识形态。毫无疑问，天津民俗体育样态既与民众的思维认知有关，也与整个社会的意识形态有关。天津民俗体育事象作为中华优秀民俗体育文化的组成部分，在确定"主心骨"和"脊梁柱"的身份标签下，理应配合着人民大众的发展性创造性思维，结合着整个社会意识形态的时代变迁，在潜移默化中发生合理形变与质变，并与民众和社会齐心协力共同展示中华民族的丰富文化底蕴，实现中华民族的伟大复兴。

四、天津民俗体育文化遗产保护应与政策步伐相一致

天津民俗体育是随着大运河漕运功能的发达而发展和传播起来的地域文化。时至今日，随着现代化与工业化时代的到来，大运河逐渐地失去漕运功能，繁华不再，但曾经辉煌的历史给大运河沿岸留下了丰富的文化遗产。习近平总书记多次就文化遗产保护作出重要指示："要系统梳理传统文化资源，让收藏在禁宫里的文物、陈列在广阔大地上的遗产、书写在古籍里的文字都活起来。"党的二十大报告再次强调："加大文物和文化遗产保护力度，加

强城乡建设中历史文化保护传承,建好用好国家文化公园。"借此,天津市各区积极响应国家文化遗产保护政策,致力于传播以大运河为载体的优秀传统文化,包括天津民俗体育文化。例如,天津北辰区设置了以大运河文化为主题的非物质文化遗产展馆,旨在让人们真正地了解天津非物质文化遗产,并采取措施进行有效保护与传承,从而促进了当地文化遗产保护事业的蓬勃发展。建设包括大运河文化在内的体育类非物质文化展览馆,是贯彻落实习近平新时代中国特色社会主义思想、推动中华优秀传统文化创造性转化和创新性发展,也是建设中华民族现代文明的生动实践。天津大运河文化遗产及民俗体育保护传承与利用已经吸引了各区党委的高度重视,更重要的是广大人民群众对于文化遗产保护业已形成一股前所未有的热潮。

五、天津民俗体育项目高质量发展需多部门协同发力

天津民俗体育是大运河文化的重要构成,其高质量传承发展需要政府各部门齐心协力,形成发展合力。目前,关于大运河的开发利用,天津段并未处于领先地位。将大运河进行分割式的保护与开发,固然有助于充分展现区域特色,但是从整体性保护的角度看,沿岸城市各自独立,尚未形成系统性的、连带性的跨区域合作优势。这将造成大运河各区域"形未断,神先断"的尴尬局面,如果大运河沿岸各城市没有很好地协调起来,就无法实现大运河文化带的共建共享,也不能让大运河文化遗产成为沿岸民众共同的文化纽带。在"谁管辖谁负责"的传统观念影响下,大运河文化带的建设和宣传目前主要由文化部门、文物部门负责,政府其他相关部门的参与程度远远不够,尚未建立共同的发展目标和总体规划,无法有效实现运河文化遗产的有机连接和效益共享。在制度设计上,各执行主体之间缺乏协调发展理念,民间团体参与度较低,能调动的资源较少,影响力受限。最后,公众对民俗体育传承价值认知不足,相关部门在普及民俗体育文化知识、引导公众参与相关活动方面工作不到位,未在全市范围内形成人人关注、人人参与、人人受益的良好局

面。只有妥善解决上述问题,有效利用公众力量,积极推动大运河文化带民俗体育的传播与传承,才能形成合力,实现民俗体育文化传承与发展的良好局面,促使大运河文化带天津民俗体育焕发更加绚烂的文化魅力。

六、天津民俗体育的文化价值因由市场干预生发流变

民俗体育不仅是一种民间体育活动,更是一种民俗文化仪式,具有深厚的文化内涵和历史价值。这些活动在历史上一直扮演着重要的角色,曾被视为一种神圣的仪式,扮演宗教祭祀的功能,具有明显的宗教色彩;还承担了族别认同和文化认同的功能,通过民俗体育活动和民间仪式,将人们召集一起,从而加强团结,增进团体凝聚力;而到近现代,民俗体育的实用属性逐渐消退,娱乐属性、商业属性所占比例不断增加,民俗体育成为一种新的消费形式。在这种新形势下,民俗体育的传承与发展就显得格外重要。天津民俗体育的社会功能紧跟民众生活需求的变化而不断发生转变。如今在资本的操控下,某些民俗体育表演逐渐远离了人民群众的日常生活,成为由专业团队把控的"摇钱树",表现出刻意求新、求异的"降维"倾向,背离了传统民俗体育的文化根脉。这种做法不仅压缩了民俗传统体育仅有的生存空间,而且给其传承与发展带来了极大冲击。比如,包含民俗传统体育活动的祭祀仪式演变成了高调的商业活动,过于强调娱乐性,而忽略了它的文化价值和历史意义,参与者的"原真性""纯粹性"与"文化性"受到负面影响与冲击。故而,我们应在"合理利用,加强管理"理念的引领下,积极探索民俗体育等文化遗产保护传承的新路径。

七、天津民俗体育文化传承与发展需要融合现代科技

天津民俗体育活动是天津体育文化的组成部分,更是城市文化的重要组成部分。天津的社会历史、政治、经济、文化、宗教、风俗及心理等诸多方面在

这些民俗体育活动中积淀、发展,并得以活态传承。随着时代的进步与科技水平的不断提高,天津民俗体育项目逐渐与现代科技相融合,朝着科学化、现代化和艺术化的方向发展。在大运河文化的推动下,天津民俗体育呈现出朝气蓬勃的发展态势。诸如舞狮、杠箱、中幡、高跷、旱船、舞龙、摔跤、抖空竹、放风筝、拔河、跳绳、踢毽、赛龙舟、民间武术等民俗体育活动,不仅体现出浓郁的地方特色,而且发展过程中不断融合新的时代文化元素,展现出崭新的时代风貌。当然,天津民俗体育的形成离不开天津自然生态环境这一物质基础,自然环境为民俗体育提供了共享发展机遇的平台。一些天津民俗体育项目依托水资源的优势,融入现代水利科技的文化元素,比如汉沽飞镲、北塘高跷等。随着天津社会经济的繁荣,水上交通运输事业也得到长足发展,水运业和航运贸易逐渐兴起,并带动了码头运输业的兴盛。因水路交通的便利,天津成为北方重要的漕运码头。而且随着海运的发展和海禁政策的放松,海上贸易日益繁荣,祭祀妈祖的天津皇会已成为一项重要的民俗活动,随之而来的是舞狮、舞龙、旱船、秧歌等丰富多彩的民俗体育活动的蓬勃发展。因此,天津民俗体育的发展是无法脱离社会环境的制约而独自发展的,在科技飞速发展的现代社会,民俗体育的传承和发展更离不开现代科技的支持、保护与帮助。

第二节　建　议

一、提高文化保护认知,实现天津民俗体育保护举措多样化

民俗体育文化承载着深厚的历史价值和精神内涵,蕴含着中华民族自强不息的精神。推动和保护天津民俗体育,对深刻了解中华优秀传统文化的连

续性、统一性、创新性等突出特性都发挥了重要作用,对于坚定文化自信,提升中华文化的影响力、辐射力、创造力等也具有重大意义。然而天津民俗体育的保护不能只靠口号,更多的是要提升社会的整体认知力。习近平总书记考察山西运城博物馆时指出,"要认真贯彻党中央关于坚持保护第一、加强管理、挖掘价值、有效利用、让文物活起来的工作要求,全面提升文物保护利用和文化遗产保护传承水平"。民俗传统体育项目属于非物质文化遗产,对于民俗体育的保护与传承同样适用于这些原则。我们要努力推动民俗体育的活态传承,为民俗体育项目注入新的生命活力,使其以一种活化姿态活跃在现代生活之中。

在当代,我们不仅要让民俗体育顺利地传承下来,更需要提高全社会对于民俗体育文化保护的认知。民俗体育文化遗产的保护既需要保护形式多样化,也需要内容多样化。天津民俗体育文化应由过去的长期被动性保护、抢救性保护,逐步转向主动性保护、预防性保护、多样性保护;由过去长期的运动式、突击式保护,向建立长效化、常态化的保护机制转变。在强调保护第一的基础上,通过加强管理以促使文化遗产资源得到有效利用。同时,民俗体育的保护应由保护为主,逐渐向"保护、管理、展示、利用"等多重举措转变。这种转变只靠文物保护工作者和文化文物保护系统是远远不够的,更需要各行各业、相关部门以及人民群众的积极参与。比如,体旅结合中民俗体育文化旅游带的建立就正确诠释了"文旅融合,以文彰旅"的传承理念。

二、发挥场域联动作用,借助体育公园保护与传承民俗体育

体育公园是近年来国家提出来的新兴体育运动休闲场所,是以体育健身为重要元素,与自然生态融为一体,具备改善生态、美化环境、体育健身、休闲

娱乐、防灾避险等多种功能的绿色公共空间①。将文化传播付诸实际行动，先从能够进行文化变迁的"具体"活动场域或者空间抓起，体育公园作为国家提倡的新兴中华民族文化复兴举措，在传承民俗体育的过程中应当引起重视。将体育公园作为体育文化传承交流平台，将健身气功等民俗传统体育、运动休闲娱乐等活动与自然生态融为一体，推动运动健身、运动休闲与自然景观相结合，传统文化与现代设施场所相结合，打造绿色便捷的全民参与的民俗体育活动健身新方式，保证人民群众在体育公园之中既能感受民俗体育之美又能尽览自然生态之美。我们要深入贯彻习近平总书记重要讲话精神和治国理政新理念、新思想、新战略，牢牢把握社会主义先进文化发展方向，尽可能从社会意识形态层面入手，带动整个社会积极营造民俗体育保护传承、利用创新的文化氛围，打通天津民俗体育文化变迁发展的多元化路径，实现天津民俗体育创造性转化、创新性发展。

三、深挖民俗体育内涵，激发民俗体育保护传承的社会共识

在传承发扬大运河文化带天津民俗体育的道路上，应当放眼于整个民俗文化乃至中华优秀传统文化，深入挖掘天津民俗体育的价值内涵与文化特质。首先，我们需要坚定不移地坚守中华传统文化立场，坚持中国特色社会主义文化发展道路，加强制度顶层设计，统筹文化遗产的保护、利用与传承，保持东方文化的魅力与特色。其次，不断提高民俗体育在人民群众生活中的地位，增强人民群众对民俗体育的认同感、保护感，营造一种向上向善向美的社会风气。再次，坚持整体规划引领，从历史传统中汲取精神营养，努力将民俗体育打造成社会文化生活中的重要精神图腾和文化标识。最后，从人民群众的健康需求出发，一切为了民俗体育的传承发展，使民俗体育文化基因与

---

① 国家发展和改革委.关于推进体育公园建设的指导意见[EB/OL]. http://www.gov. cn/zhengce/zhengceku/2021-10-30/content_5647758. htm. 2021-10-30.

当代中国社会主义文化体系相适应,与现代社会大环境相协调,从民俗体育文化入手增强中华民族文化自信、文化自觉,更好更全面地为实现中华民族伟大复兴而努力奋斗。

四、坚持人民共建共享,唤醒民众创新天津民俗体育积极性

我们要以共建、共享的方式,共同打造大运河文化长廊,加强大运河文化遗产"符号制造""品牌打造"力度,加强公众对大运河文化带遗产,尤其是天津民俗体育的认识,提高公众对保护天津民俗体育等大运河文化带文化遗产的共识与主动性、积极性,推动民众沉浸式参与保护传承天津民俗体育。从长远来看,民众的力量是推动区域发展的重要因素,天津段大运河文化带的构建与区域发展互动,需要充分调动普通民众的积极性。以大运河文化带的功能定位为核心,贯彻"以人民为中心"的发展思想,丰富群众节庆体育生活,推动体育生活化,让人民群众拥有足够的民俗体育活动的话语权、自主权和参与权,让他们真正成为大运河文化带天津民俗体育的保护者、传承者、参与者、创新者、受益者。以保护沿河居民的健康权益为重点,各街区的运动场域建设与文化空间改造都要融入人民群众的日常民俗体育健身活动当中,使大运河文化带文化建设的成果,尤其是天津民俗体育的保护传承与推广普及成果真正惠及人民群众。政府还可以通过专项资金、税收减免、创业支持等方面的优惠政策,使京津冀地区的民俗体育保护传承及其文创产品开发的经济效益和社会效益深度融合,充分释放民俗体育文化生机、经济活力和社会效益,推动京津冀民俗体育传承创新高质量发展。从历史发展着眼,京杭大运河承载着中国几千年的历史文化脉络,承载着中国人的记忆,而这些与大运河相关的文化记忆,深藏于天津市民日常的各种民俗体育活动之中。我们要以大运河为载体,通过大运河文化带民俗体育的传承与发展,唤起人们对大运河文化带民俗体育的集体记忆、群体参与,塑造中华民族的集体认同感,

实现中华民族的文化认同,从而实现建构中华民族共同体的美好夙愿。

五、强化法律制度保障,健全民俗体育传承监察与监管机制

民俗体育最好的保护方式就是在继承和保护其传统"本真"的基础上实现创造性转化和创新性发展,最终实现民俗体育的可持续与高质量发展。当下,随着民俗体育从传统的家族式传承逐渐过渡到政府帮扶式的公开性传承、"活态性"传承。地方政府成为民俗体育资源的主导者和监管者,为使相关制度、政策落实到位,政府在加强顶层设计的基础上,应健全并完善相关法律法规与制度,做到民俗体育保护传承"有法可依、有法必依、执法必严、违法必究",最终将民俗体育保护传承的主导权还之于民。同时,由于社会资本的无限度开发与利用,某些民俗体育已经"抛弃了传统、迷失了本真与本性",成为披着民俗外衣的资本"聚宝盆"。有鉴于此,为民俗体育传承提供适宜的政策环境成为当前民俗体育文化保护传承发展所急需,各级政府应该健全民俗体育保护传承监察与监管机制,及时整治、清理"伪"民俗体育文化,保护传统民俗体育传承人和相关组织的合法权益。我们应该在国家相关政策法规的正确引导下,有限制、有限度地改造与发展天津民俗体育,实现天津民俗体育的良性发展与高质量发展,助力乡村产业振兴与文化振兴建设进程。

六、深化体育教育融合,助力民俗体育与学校教育精准结合

学校是最重要的人才培养基地,其职责不局限于传授知识,更应该肩负起传承中华优秀传统文化的重任。民俗体育作为拥有丰富历史人文价值的传统体育样式,不仅体现了民间智慧和勤劳精神,更是社会主义核心价值观

的具象表达。在"体教融合政策"的大背景下，推动民俗体育与学校教育深度融合，是在新的历史条件下加强学校体育教育、推动素质教育、提升民族素质的重要举措。在此过程中，应当注重挖掘和传承传统民俗体育所蕴含的深厚的历史文化内涵，并且不断融入现代体育元素。通过开设民俗体育校本课程，学校可以更好地引导学生深入了解传统文化，培养对历史的敬畏之情，激发对中华传统文化的热爱。这不仅有助于学生形成正确的历史观，也为他们的身心发展提供了更为全面的支持。将民俗体育文化沁入校园文化之中，既是对传统文化的一种保护，也是对学生身心全面发展的一种促进。"文"可以通过民俗体育的人文教化性、道德规范性、礼德并重性等文化特质培养学生品格；"武"可以通过民俗体育的保家卫国性、百折不挠性、身心兼修性等文化特质以"野蛮其体魄"，增强体质健康水平。从教育角度来看，民俗体育既是一种身体锻炼方式，更是培养学生意志品质和团队协作精神与能力的有效途径。将民俗体育纳入现代化教育体系，通过开展"一校一品""一校多品"等学校体育精品课程，可以为民俗体育传承与发展提供更为有力的支持。通过民俗体育与学校教育深度融合，学校可以更好地履行文化传承的责任，培养学生对传统文化的热爱与认同，为构建更为丰富多元的文化格局奠定基础。

七、营造社会良好氛围，依托媒体与科技力量传播民俗体育

民俗体育来源于民间，发展于民间，有深厚的群众基础。如果脱离人民群众的支持，民俗体育将变成无源之水、无本之木。广大民众不仅是民俗体育的传承者和发展者，更是民俗体育的创新者，他们为民俗体育注入了源源不断的生命力。在新时代，保护与传承民俗体育，要从全社会关注入手，通过多种途径的宣传教育，增强人民群众对民俗文化的认同感、归属感。此外，还需借助媒体的力量，广泛宣传，扩大影响力、号召力和传播力，加强对民间民

俗体育文化遗产的保护传承力度,加大专项资金投入力度和政策法规支持度。现如今,随着社会科技的飞速发展,深入挖掘、整理、保存和利用民俗体育文化历史材料已经成为可能。我们可以利用先进的技术手段,构建大运河文化带天津民俗体育动态档案数据库,"活态化"保存天津民俗体育文化的图像、音频和文字资料。然后利用互联网等新技术,采集和存储天津民俗体育图像和声音资料。总体而言,加速天津民俗体育项目的挖掘、整理和数字化保存力度,是相关部门和社会各界共同努力的方向。我们应该充分利用现代化科学技术手段对民俗体育进行深入而系统的研究,并使之尽快转化成为现代产业。例如,以天津皇会为核心,先对民俗体育项目自身活力予以重点强化,再逐步加强对"民俗体育+旅游"的投资和基础设施建设。同时,注重地域空间的拓展和旅游产品的研发和经营。再者,积极发展休闲体育,促进全民健身事业发展,进一步提升"天津民俗体育+旅游领域"的吸引力和影响力,积极筹办天津妈祖文化旅游节、天津国际龙舟节等民俗体育赛事,以扩大其影响力,实现天津民俗体育的创造性转化、创新性发展,助力中华民族伟大复兴。

参考文献

[1]安晓宇,孙海涛,薛莲,等.浅议城市视角下大运河遗产保护与利用——以北京市通州区为例[J].文化创新比较研究,2023,7(1):80-83.

[2]巴兆祥.中国民俗旅游[M].福建:福建人民出版社,1999.

[3]白晋湘.从传统到现代——对中国民族民间体育文化发展的思考[J].体育科学,2018,38(7):21-22.

[4]白晋湘.民族民间体育(第二版)[M].北京:高等教育出版社,2022:109-110.

[5]白永正.文化视域下我国民族传统体育发展的文化走向[J].北京体育大学学报,2016,39(4):34-38.

[6]北辰新闻.万民同乐大联欢花会展演——同议高跷会后继有人[EB/OL].https://www.sohu.com/a/295896247_120046682.2019-02-19.

[7]曹冬栋.历史记忆与文化认同——近十五年粤剧电影岭南文化特质研究[J].电影文学,2023(13):135-138.

[8]曹海林.乡村社会变迁中的村落公共空间——以苏北窑村为例考察村庄秩序重构的一项经验研究[J].中国农村观察,2005(6):61-73.

[9]曹红玲,戴锐.民俗文化的精神结构及其思想道德教育价值[J].贵州民族研究,2017,38(6):44-47.

[10]陈爱蓓.以高水平法治推进大运河文化带江苏段建设[J].群众,2019(3):30-31.

[11]常国毅,马知遥.文化转型与非遗传承:兼对非遗历史性、社会性和

生活性的思考[J].中北大学学报(社会科学版),2024(5):9-18.

[12]陈红新.江苏省农村初中体育与健康课引进民俗体育的可行性研究[D].苏州大学,2009.

[13]陈丽娟,杨魁,王宏伟."非遗"视阈下陇右地区民俗体育文化特征与发展研究——以武山旋鼓舞为例[J].武术研究,2022,7(6):84-86.

[14]陈莉.试论民间民俗体育文化特征与现实作用[J].吉林体育学院学报,2006(3):5-7.

[15]陈瑞.明清时期徽州宗族祠堂的控制功能[J].中国社会经济史研究,2007(1):54-63.

[16]陈嵩.赣南少数民族特色村寨民俗体育文化特征及形成机制研究[J].当代体育科技,2023,13(4):103-106.

[17]陈嵩.乡村振兴背景下赣南少数民族特色村寨民俗体育文化传播现状及对策[J].当代体育科技,2022,12(33):113-116.

[18]陈庭香,闫萍.铜陵市民俗体育现状与发展研究[J].商丘师范学院学报,2020,36(9):82-84.

[19]陈艳.优秀民俗文化的当代功用研究[J].科教文汇(上旬刊),2016(2):150-151.

[20]陈永辉,白晋湘.非物质文化遗产保护视角下我国少数民族民俗体育文化资源开发[J].武汉体育学院学报,2009,43(3):75-80.

[21]陈昱洁,李俊龙,周思颖.乡村社会结构与变迁研究综述[J].农村经济与科技,2015,26(6):193-195.

[22]储建新.《清明上河图》与宋代休闲体育[J].体育文化导刊,2009(5):87-89.

[23]辞海编辑委员会.辞海[M].上海:上海辞书出版社,1999:1777.

[24]崔乐泉.中国古代体育精神及其文化特质[J].人民论坛,2021(22):110-112.

[25]崔涛.民俗体育助推乡村振兴价值审视与实施路径[J].体育文化

导刊,2021(12):58-65.

[26]戴启文,陈钟奇,王嘉慧,等.大运河文化背景下民宿的室内外空间重塑——以徐州窑湾客栈为例[J].居舍,2021(16):23-24.

[27]邓建华,范正宇.关于中国古文化特质的课堂讨论纪要[J].湖北大学学报(哲学社会科学版),1986(1):70-76.

[28]邓苗.中国近现代民俗研究的民众立场——一种超越民俗学的视角[J].云南师范大学学报(哲学社会科学版),2021,53(6):102-111.

[29]董玉海.目标行动与责任——大运河保护与申遗的政府职能思考[J].民主,2009(6):9-11.

[30]杜振巍,邱希.中西方体育文化差异的原因与融合研究[J].科技资讯,2016,14(33):173-174.

[31]段丽梅,杨小凤,张伟,等.传承与俱进:民俗体育文化认同的现代化路径分析——以非遗项目花棍舞(打莲湘)为个案[J].南京体育学院学报(社会科学版),2016,30(2):38-42+80.

[32]尔惟,张萌,赵维姗,等.推动新时代大运河(天津段)文化保护传承利用创新发展[J].天津规划研究,2023(1):166-177.

[33]方如.民俗文化在现代生活中的延续[J].美与时代,2003(7):21-22.

[34]费孝通.中华民族的多元一体格局[J].北京大学学报(哲学社会科学版),1989(4):3-21.

[35]冯宏伟.新时代农村地区民俗体育的发展:形式、局限与路径[J].北京体育大学学报,2018,41(10):125-132.

[36]冯骥才.警惕中国文化的"粗鄙化"[J].西部大开发,2012(8):115.

[37]冯平主编.现代西方价值哲学经典·先验主义路向[M].北京:北京师范大学出版社,2009.

[38]冯婷.基于理性价值观的体育人文教化探析[J].郑州航空工业管理学院学报(社会科学版),2020,39(2):100-105.

[39]富耀南,应晓萍.重塑金色地标　再植文化的根与魂——无锡大运河文化带建设的路径策略探析[J].江南大学学报(人文社会科学版),2018,17(5):121-125.

[40]高丙中.民俗文化与民俗生活[M].北京:中国社会科学出版社,1994.

[41]高飞,屈丽蕊,苏连勇.天津回族重刀武术的保护与发展[J].首都体育学院学报,2014,26(1):7-10.

[42]高飞,屈丽蕊.国家级非物质文化遗产天津回族重刀武术的保护与发展研究[A].体育文化遗产论文集[C],2014:799-805.

[43]高铭鼎,于善旭.中国古代"天人合一"观对发展未来体育的作用[J].天津体育学院学报,1990(1):28-32.

[44]葛剑雄.大运河历史与大运河文化带建设刍议[J].江苏社会科学,2018(2):126-129.

[45]耿敬北,陈子娟.大运河文化带宿迁段生态空间规划及建设研究[J].黄河水利职业技术学院学报,2023,35(1):51-54.

[46]龚建林.体育文化生态系统的结构与特性[J].体育学刊,2011,18(4):40-44.

[47]官钟威,李红梅.论民俗体育文化[J].体育科技文献通报,2006(7):83.

[48]郭彩云.多元文化生态影响下天津传统武术发展研究[D].天津体育学院,2014.

[49]谷建华.谷建华图说古运河之"天津趣事"[EB/OL].http://ent.cnr.cn/yunhe/dj/yh/20210218/t20210218_525415947.shtml.2021-2-18.

[50]国辉,李凌晨.天津民俗体育文化现状与发展对策研究[A].第十二届全国体育科学大会论文摘要汇编[C],2022:3-4.

[51]国家发展和改革委.关于推进体育公园建设的指导意见[EB/OL].http://www.gov.cn/zhengce/zhengceku/2021-10/30/content_5647758.htm.

2021-10-30.

[52]国家体育总局."十四五"发展规划[EB/OL]. https://www. sport. gov. cn/zfs/n4977/c23655706/content. html. 2021-10-25.

[53]国务院. 关于加强我国非物质文化遗产保护工作的意见[EB/OL]. http://www. gov. cn/xinwen/2021-08/12/content_5630974. htm. 2021-08-12.

[54]国务院. 关于实施中华优秀传统文化传承发展工程的意见[EB/OL]. http://www. gov. cn/zhengce/2017-01/25/content_5163472. htm. 2017-01-25.

[55]韩海青. 讲好运河故事 增强文化自信——大运河文化带(江苏段)旅游产业与影视文化融合发展建议[J]. 唯实,2020(6):72-75.

[56]韩全林,曹东平,游益华. 对大运河文化带建设的水利立法思考[J]. 中国水利,2019(4):9-12.

[57]韩帅帅. 中国民俗体育拔河运动的竞技化和当代价值研究[D]. 山西大学,2018.

[58]郝凌飞. 苏州民俗体育文化研究[D]. 苏州大学,2016.

[59]郝瑞瑞. 消逝的上巳节[D]. 南京艺术学院,2017.

[60]何平. 在现实中找寻历史——一次侗族"三月三"花炮节的采风叙事[J]. 中国音乐,2009(1):154-156+161.

[61]何平香,郑国华,吴玉华,等. 我国民俗体育文化遗产的现代性生存——以江西中村和广西平村为例[J]. 武汉体育学院学报,2017,51(12):58-67.

[62]何为刚. 略论京杭大运河的过去和未来[J]. 济宁师范专科学校学报,1997,18(3):92-96.

[63]胡娟. 我国民俗体育的流变——以龙舟竞渡为例[J]. 体育科学,2008(4):84-96.

[64]胡梦飞. 山东省大运河国家文化公园建设路径与策略研究[J]. 华北水利水电大学学报(社会科学版),2021,37(6):24-29.

[65]胡仕坤.文化符号视域中的中华民族共同体认同[J].河南师范大学学报(哲学社会科学版),2022,49(4):109-115.

[66]胡泽学.论农耕文化对中华优秀传统文化核心理念的塑造[J].古今农业,2022(4):7-16+136.

[67]黄聪,李金金.村落民俗体育文化传承问题的社会根源及解决对策[J].北京体育大学学报,2018,41(12):123-129.

[68]黄海燕,胡佳澍.新时代体育强国建设的内涵、任务与路径[J].上海体育学院学报,2023,47(11):1-16.

[69]黄健武,覃春丽.龙舟竞渡中的民俗文化与体育精神分析[N].中国艺术报,2023-02-03(07).

[70]黄杰.建设大运河文化带的历史价值、时代意义与可借鉴的国际经验[J].档案与建设,2019,2(2):67-70.

[71]黄璐.民俗体育视角下峨山彝族花鼓舞的文化内涵与传承路径研究[D].云南师范大学,2022.

[72]黄旭佳.民俗体育活动在丰顺县的现状研究——以"埔寨火龙"为例[J].当代体育科技,2021,11(8):181-184.

[73]黄永良,傅纪良.海岛民间民俗体育特征的研究[J].北京体育大学学报,2010,33(7):39-42.

[74]黄芸芸.传统民俗节庆文化在铸牢中华民族共同体意识中的实践探究[J].商业经济,2023(2):154-156.

[75]霍静虹.浅议非物质文化遗产项目霍氏练手拳在普通高校传承的意义[J].武术研究,2020,5(4):57-58.

[76]霍静虹.天津市武术非物质文化遗产项目霍氏练手拳传承途径的研究[J].文体用品与科技,2020(1):66-67.

[77]霍静虹.新时代背景下霍氏练手拳传承中的文化自信探究[J].文化创新比较研究,2019,3(35):48-49.

[78]贾兵强.大运河文化带建设原则与路径选择[J].运河学研究,2018

（2）：196-206.

[79]贾剑飞.天津拦手门武术传承与发展研究[D].天津体育学院，2015.

[80]姜师立.论运河文化带建设的意义构想与路径[J].中国名城，2017（10）：92-96.

[81]鞠旭远，高春兴，孙莉.中国传统道德规范与西方沉默权制度的对话[J].中国人民公安大学学报，2004（3）：80-83.

[82]康敬亭.京杭大运河（无锡城区段）文化遗产构成与价值研究：兼谈无锡城区文化遗产保护与城市发展[D].山东大学，2014.

[83]柯玲，邵荣.中国民俗体育学探略[J].北京体育大学学报，2008，（6）：760-762.

[84]克拉克·威斯勒.人与文化[M].钱岗南，傅志强，译.北京：商务印书馆，2004.

[85]兰久富.能否定义价值概念[J].当代中国价值观研究，2018，3（4）：20-32.

[86]蓝怀昌.中国瑶族古代文化特质概述[J].民族艺术，1987（3）：21-34.

[87]郎勇春，周美芳，程其练，等.江西民俗体育文化的现代流变——以江西永新盾牌舞为例[J].体育学刊，2009，16（12）：96-100.

[88]郎勇春.城镇化变迁中的孝桥镇民俗体育[J].上海体育学院学报，2007（2）：29-33+39.

[89]劳洪涛，高飞，田晓亮，等.大运河文化带天津民俗体育文化传承的困境与纾解路径[A].第十三届全国体育科学大会论文摘要集[C].2023：3.

[90]冷冷.太祖门独流通背拳大师任向荣[J].精武，2009（12）：20-22.

[91]黎峰，李思慧，于诚.以江苏大运河文化带协同治理助推长三角一体化[J].江南论坛，2021（1）：13-15.

[92]李本一，柴娇.我国东北民俗冰雪项目发展研究[J].体育文化导

刊,2020(8):68-72.

[93]李德楠.文化线路视野下的大运河文化遗产保护[J].中国名城,2012(3):42-45.

[94]李国山.刘易斯文选[M].北京:社会科学文献出版社,2007.

[95]李红梅,郑国荣,方千华.论民俗体育的现代化发展[J].沈阳体育学院学报,2008,27(6):34-36.

[96]李红梅.大运河文化保护、传承与利用:困境与出路[J].国土资源科技管理,2022,39(4):116-124.

[97]李连科.世界的意义——价值论[M].北京:人民出版社,1985.

[98]李茂叶.大运河文化传播路径探析——以江苏段运河文化为例[J].新闻爱好者,2020(10):57-60.

[99]李培林.关于社会结构的问题——兼论中国传统社会的特征[J].社会学研究,1991(1):77-83.

[100]李平.中国古代气功养生术与传统思想观念[J].汕头大学学报(人文社会科学版),1995(4):38-46.

[101]李文鹏,白政权.天津回族重刀武术的保护与传承[J].教育教学论坛,2014(10):139-140.

[102]李先长,涂传飞,严伟.百年来中国民俗体育研究述评与展望[J].武汉体育学院学报,2009,43(6):16-22.

[103]李晓燕,徐睿,张立昆.大运河文化带河北段文化遗存中的民族元素提炼与数字化保护研究[J].文物鉴定与鉴赏,2023,264(21):154-157.

[104]李元慧.我国民俗体育研究:现状、热点与趋势[A].2021年中国体育非物质文化遗产国际会议书面交流论文集,2021:1.

[105]李振鹏.壮族"三月三"的起源、功能、传承现状与发展对策[J].长江师范学院学报,2021,37(6):80-89.

[106]李子璇,李宗生.在语文教学中发挥民俗文化功用的策略[J].中国多媒体与网络教学学报(中旬刊),2019(5):247-248.

[107]林顺治."美丽中国"视角下的中华妈祖民俗体育探析[J].湘南学院学报,2015,36(2):90-93.

[108]刘冰雅.刘曙光.大运河文化的构建与传承[N].光明日报,2023-10-14(003).

[109]刘德龙.坚守与变通——关于非物质文化遗产生产性保护中的几个关系[J].民俗研究,2013(1):5-9.

[110]刘坚.云南省少数民族传统体育非物质文化遗产保护与传承研究[D].北京体育大学,2016.

[111]刘建华,张蕊.我国历史文化遗产科学数据共享的现状及对策研究[J].东南文化,2008(5):92-96.

[112]刘美子.江苏省大运河文化带建设的问题与对策研究[D].苏州大学,2020.

[113]刘旻航,李储涛,赵壮壮.民俗体育文化价值演进规律研究[J].体育科学,2012,32(6):85-89.

[114]刘旻航,孙玲.民俗体育的存在——生命价值解析[J].山东体育学院学报,2010,26(12):1-5.

[115]刘小明.茶文化融入民俗体育文化价值研究[J].福建茶叶,2017,39(4):235-236.

[116]刘欣,李鹏.天津民俗体育的形成、传播及功能[J].新闻爱好者,2011(18):15-16.

[117]刘欣.天津民俗体育的文化考察[J].寻根,2011(3):41-45.

[118]刘雪贵.迟子建长篇小说的乡土世界构建研究[D].江西科技师范大学,2022.

[119]刘雅冰.刘曙光.大运河文化的构建与传承[N].光明日报,2023-10-14(003).

[120]刘营.试分析舞龙舞狮运动的文化特征与传播策略[J].体育风尚,2022(6):68-70.

[121]刘咏梅,王德胜.隋唐时期大运河德州段历史功能考辩[J].德州学院学报,2022,38(5):95-98.

[122]刘长立.舞龙舞狮运动的文化特征与传播策略分析[J].东西南北,2020,554(6):111.

[123]柳邦坤,荣蓉.中国大运河文化对外传播策略探析——以江苏为例[J].今传媒,2018,26(12):17-19.

[124]龙梦晴.民俗文化教育发展论[J].湖南师范大学教育科学学报,2012,11(6):79-81.

[125]龙宋军,孙葆丽.民俗体育的外部环境与内在动因分析:以湘中"朱家舞狮"为例[J].体育文化导刊,2017(12):59-63.

[126]卢玉,陶丽.许村大刀舞的文化特征及其价值——一项民俗体育的田野考察与文化学解读[J].成都体育学院学报,2012,38(11):79-83.

[127]路璐.擦亮大运河文化带这一国家名片[J].红旗文稿,2019,(13):28-30.

[128]吕娟.中国大运河河道变迁基本脉络及历史作用[J].河北水利电力学院学报,2022,32(2):1-7.

[129]吕梦倩.大运河(浙江)文化带建设研究[J].中国工程咨询,2017(11):29-30.

[130]马吉照,王凤丽.大运河诗歌与明清漕运——以河北沿运地区为中心[J].保定学院学报,2020,33(4):80-84.

[131]马晓伟.体育文化生态系统视域下雷州民俗体育文化的生态内涵与传承策略研究[J].当代体育科技,2022,12(33):166-170.

[132]满现维.论中国武术的技术文化特质[A].2015年全国武术论文报告会论文集[C].2015:50-53.

[133]毛天松.布依族"三月三"节日文化研究[J].科教导刊(中旬刊),2012(18):246-247.

[134]毛泽东.体育之研究[M].北京:人民体育出版社,1979.

[135]孟庆宁.民俗体育的当代价值[J].山西高等学校社会科学学报,2006,18(11):134-135.

[136]倪依克,胡小明.论民族传统体育文化遗产保护[J].体育科学,2006(8):66-70.

[137]倪依克,孙慧.中国龙舟文化的社会品格[J].成都体育学院学报,1998(3):17-21.

[138]牛放.文化线路视域下的大运河(京津段)非物质文化遗产传承趋势研究[D].天津理工大学,2020.

[139]牛会聪.多元文化生态廊道影响下京杭大运河天津段聚落形态研究[D].天津大学,2011.

[140]潘世杰.从《古兰经》看伊斯兰教的崇俭戒奢理念[J].中国穆斯林,2022(6):26-30.

[141]潘一.杨柳青木版年画传承与传播设计研究[D].江南大学,2007.

[142]盘劲呈.乡村社区参与体育旅游减贫研究[D].上海体育学院,2021.

[143]彭响,朱亚成,刘如,等.民俗体育与学校体育动力、机理的耦合发展及路径研究[J].哈尔滨体育学院学报,2018,36(3):66-71.

[144]齐清仙.《诗经·唐风》主旨及文学价值研究[D].广西师范学院,2012.

[145]钱升华,邵波.大运河天津段历史文化遗产保护利用探析[J].城市,2021(6):53-61.

[146]邱进光,刘静.从民族文化看民族传统体育的文化特质[J].科教文汇(下旬刊),2008(12):255.

[147]权振国.新农村建设背景下延边朝鲜族民俗体育文化发展研究[D].延边大学,2014.

[148]人民网.习近平:在哲学社会科学工作座谈会上的讲话(全文)[EB/OL]. http://politics.people.com.cn/n1/2016/0518/c1024-28361421.

html. 2016-05-18.

[149]人民网. 习近平参加内蒙古代表团审议[EB/OL]. http://jhsjk. people. cn/article/32043978. 2021-03-05.

[150]任鹏,赵岷.蒙古族那达慕大会中体育竞赛项目研究[J].武术研究,2023,8(2):85-88.

[151]任艳花.文化模因视域下客家民俗舞蹈的文化特质研究[J].嘉应学院学报,2022,40(2):16-20.

[152]芮正佳,刘舒琪.非遗文化在大运河文化带建设中的活态表达[J].大观(论坛),2022(7):95-97.

[153]邵波,钱升华.论大运河文化带建设中的文物保护与传承利用[J].聊城大学学报(社会科学版),2019(1):10-17.

[154]邵波.以新发展理念引领天津大运河文化保护传承利用[N].天津日报,2021-10-08(009).

[155]邵颖.江苏省大运河文化带"非遗"译介与传播的调查研究[J].山西青年,2021(4):130-131.

[156]沈宝刚.非物质文化遗产保护视野下民俗体育文化研究[D].华中师范大学,2013.

[157]盛昌繁,潘华.我国民俗体育的特征及其开发研究.西南师范大学学报(自然科学版),2009(3):114-118.

[158]盛琦,丁志明.中国体育风俗[M].天津:天津人民出版社,1992.

[159]史静.祈雨习俗与文化传承[J].齐鲁艺苑(山东艺术学院学报),2016(5):8-12.

[160]斯宾诺莎.伦理学[M].贺麟,译.北京:商务印书馆,1983.

[161]宋合.武清李氏太极拳述真[J].武当,2016(5):27-29.

[162]苏秉琦.中国文明起源新探[J].读书,2019(12):84.

[163]苏转平.试析民俗体育的基本特征[J].体育文化导刊,2015(2):199-202.

[164]孙奎利,谭啸.基于天津大运河沿线"非遗"文化保护与活化设计的人才培养策略研究[J].美与时代(上),2020(6):42-44.

[165]孙滔,沈伟,孙荣艾.乡村振兴视阈下村落民俗体育文化的当代价值研究——以武夷山枫坡村拔烛桥为例[J].辽宁体育科技,2023,45(3):66-71.

[166]孙通.文化特质、角色认知与新时代中国国际秩序观[J].中共济南市委党校学报,2023(1):32-37.

[167]邰琦.以《琅琊榜》为例浅谈我国古代民俗礼仪[J].河北农机,2019(3):99.

[168]谭桂莲,韩硕,高飞,等.大运河天津段民俗体育创新性发展研究[A].第十三届全国体育科学大会论文摘要集,2023:3.

[169]汤付强.池州傩戏:文化特质、功能与传承创新[J].长江师范学院学报,2024,40(1):30-38.

[170]陶丽,张思军.马克思主义基本原理与中华优秀传统文化相结合的缘由、本质及路径[J].江苏科技大学学报(社会科学版),2023,23(3):54-61.

[171]天津日报.上蒲口同乐高跷[EB/OL].http://k.sina.com.cn/article_3546332963_d360bf230200137wy.html.2021-11-25.

[172]天津日报.王秦庄同议高跷[EB/OL].http://k.sina.com.cn/article_3546332963_d360bf23020012qfw.html.2021-11-04

[173]天津日报.宜兴埠永长高跷[EB/OL].http://k.sina.com.cn/article_3546332963_d360bf23020012w4d.html.2020-11-11.

[174]天津市北辰文化信息网.上蒲口同乐高跷[EB/OL].http://shop.bytravel.cn/produce5/shangpukoutonglegao.html.

[175]天津市北辰文化信息网.王秦庄同议高跷[EB/OL].http://shop.bytravel.cn/produce5/wangqinzhuangtongyigao.html.

[176]天津市北辰文化信息网.宜兴埠永长高跷[EB/OL].http://shop.

bytravel. cn/produce5/yixingbuyongchanggao. html.

[177]天津市地方志编修委员会办公室,天津天后文化传播交流中心编著.天津市志·妈祖文化志[M].北京:方志出版社,2019.

[178]天津市地方志编修委员会办公室.天津市志·民俗志[M].天津:天津社会科学院出版社,2006.

[179]天津市武清区人民政府.永良飞叉[EB/OL].https://www.tjwq.gov.cn/mlwq/fqwq/yzwq/202012/t20201209_4771404.html.2020-12-09.

[180]田菁,朱咏贤,蔡犁.体育课程内容资源引进的理论研究[J].上海体育学院学报,2007,141(2):84-87+94.

[181]佟景正.天津:大运河载来的城市[J].中国名城,2008(S1):27-28.

[182]佟立生,张振华.论中国武术的"合一"文化特征[J].成都体育学院学报,2011,37(1):49-51.

[183]涂传飞,陈志丹,严伟.民间体育、传统体育、民俗体育、民族体育的概念及其关系辨析[J].武汉体育学院学报,2007(8):24-31.

[184]涂传飞,余万予,钞群英.对民俗体育特征的研究[J].武汉体育学院学报,2005(11):6-9.

[185]涂传飞,余万予.对民俗体育特征的研究[J].武汉体育学院学报,2005(8):24-51.

[186]涂传飞.民间体育、传统体育、民俗体育、民族体育概念再探讨[J].武汉体育学院学报,2009,43(11):27-33.

[187]万会珍,骆方成.中原民俗体育文化的特点及其资源开发[A].2014年第二届海峡两岸体育运动史学术研讨会论文集,2014:6.

[188]汪丽丽,赵梓轩,魏晓凡,等.大运河文化保护传承利用实践与探索——以北运河北京段为例[J].北京水务,2023(S1):11-14.

[189]汪蓉.我国民俗体育的特征及其开发研究[J].时代文学,2008(3):131.

[190]王辉.二〇二二年全国体育产业总规模与增加值数据发布[N].中国体育报.2024-01-01(03).

[191]王晶,王冬冬.社火民俗体育历史源流及其传承研究[J].湖北体育科技,2017,36(5):408-410.

[192]王婧.国际传播视野中的大运河文化带建设——以世界运河历史文化城市合作组织为例[J].文化创新比较研究,2023,7(29):172-175.

[193]王娟.论中国传统养生体育的核心理念与价值[J].体育科技文献通报,2022,30(9):124-125.

[194]王俊奇.中西方民俗体育文化[M].北京:北京体育大学出版社,2008.

[195]王莉莉,顾尔笑.让大运河文化带建设绽放异彩——关于推进大运河文化带(淮安段)建设的建议[J].民主,2018(6):36-37.

[196]王琳.晋中民俗体育特征及其发展途径研究[J].体育文化导刊,2011(6):117-119.

[197]王若光,啜静,刘旻航.我国民俗体育现代化演进问题研究[J].南京体育学院学报(社会科学版),2012,26(6):10-15.

[198]王若光,刘旻航.我国民俗体育功能的现代化演进[J].武汉体育学院学报,2011,45(10):24-28.

[199]王诗阳.民俗礼仪的活态传承设计与地方文化认同建构[J].艺术与设计,2023,2(3):38-40.

[200]王韬.运河文化与江苏社会风尚变迁研究[J].档案与建设,2021(4):64-67.

[201]王香漪.京杭大运河历史演变及文化价值探讨——评《京杭大运河历史与复兴》[J].人民黄河,2023,45(11):169.

[202]王旭.定襄民间音乐与定襄民俗礼仪研究[D].山西大学,2013.

[203]王逸冰,胡广顺.沂蒙山地区民俗体育发展现状与问题浅析[J].当代体育科技,2021,11(17):176-178.

[204]王哲峰,闫士芳.天津体育文化发展与传播方式的演变及其功能论析[J].搏击(武术科学),2013,10(12):102-104.

[205]王震中.比较文明学视域中中华上古文明的思想文化特质[J].世界历史,2022(4):7-13+150-151.

[206]徐肇琼.望云居士,津沽闲人.天津皇会考纪[M].张格点,校.天津:天津古籍出版社,1988.

[207]韦晓康,蒋萍.民俗体育文化在社会治理中的作用研究[J].中国体育科技,2016,52(4):31-37.

[208]韦晓康.抢花炮仪式文化的生命力及功能解析——广西柳州三江县抢花炮活动实证调研[J].中央民族大学学报(哲学社会科学版),2011,38(6):102-108.

[209]吴春华,许雁萍.大运河文化带山东段文化产业协同发展研究[J].中国集体经济,2022(4):129-130.

[210]吴丽云,蔡晟.国家文化公园建设应坚持三大原则[J].环境经济,2020(16):65-67.

[211]吴灵萍,方利山,蒋国强,等.徽州民俗体育项目"叶村叠罗汉"的特征与价值[J].北京体育大学学报,2011,34(2):41-44.

[212]吴秋丽,曹舒婷.多中心治理视域下河北大运河文化保护与传承策略分析[J].沧州师范学院学报,2021,37(2):42-45.

[213]吴宋姣,熊禄全.民俗体育生存文化本相的符号变迁[J].体育学刊,2017,24(1):26-31.

[214]吴新燕,金华,倪依纯.京杭运河江苏段绿色开发对策[J].物流技术,2018,37(11):31-38.

[215]吴艳.妈祖文化:倡行"立德、行善、大爱"[N].中国民族报,2023-01-04(008).

[216]郗志群,匡清清.北京大运河文化带文化遗产的代表性、多元性与整体性[J].新视野,2021(2):109-115.

[217]习近平.在文化传承发展座谈会上的讲话[J].求知,2023(9)：4-7.

[218]习近平.习近平在接见第33届奥运会中国体育代表团时强调:戒骄戒躁 再接再厉 为建设体育强国再立新功[EB/OL].https://www.sport.gov.cn/n25174756/c28031232/content.html.2024-08-20.

[219]肖宁宁.中西方体育文化的碰撞与融合[J].风景名胜,2019(7)：147-149.

[220]萧放.中国民俗文化特征论[J].宝鸡文理学院学报,2003(2)：24-33.

[221]谢光前,李道国.大运河文化带建设的立场、原则及其治理体系构建[J].江南大学学报(人文社会科学版),2018,17(5):116-120.

[222]谢明辉,王长江,陈林峰.大运河特色文化建筑群质量管理体系建设与实践研究[J].城市建设理论研究,2024(1):198-200.

[223]新华社研究院.迈向体育强国之路——习近平关于体育重要论述的时代价值与世界启示[EB/OL].http://www.news.cn/politics/leaders/20240827/f20a40940f7d4ab0a3e3b714aeef0461/c.html.2024-08-27.

[224]新华网.习近平的文化情怀"大运河是祖先留给我们的宝贵遗产"[EB/OL].http://www.news.cn/politics/leaders/2022-07/19/c_1128845450.htm.2022-07-19.

[225]熊海峰.推进大运河文化带建设的对策探析[J].中国国情国力,2017(10):43-45.

[226]徐福振.民俗体育的特点以及功能探究[J].安徽体育科技,2010,31(6):7-9.

[227]宣炳善.浙江舞龙类非遗项目的社区品牌与诗路文化带建设[J].非物质文化遗产研究集刊,2022:52-74.

[228]荀德麟.江苏运河遗产的文化优势及其永续利用[J].江苏地方志,2019(1):17-20.

[229]闫彦.承传与创变——大运河文化带(江苏段)传统工艺的发展路径研究[J].美术大观,2021(4):87-89.

[230]闫志民.马克思主义与中国——对马克思主义、中国化时代化马克思主义、习近平新时代中国特色社会主义思想为什么行的理论思考[J].当代世界与社会主义,2023(1):26-34.

[231]央视网.习近平:建设社会主义文化强国 着力提高国家文化软实力[EB/OL].http://news.cntv.cn/2014/01/01/ARTI1388523932701912.shtml.2014-01-01.

[232]亚历克西丝·本维尼斯特,修文乔.模因的含义和历史[J].英语世界,2024,43(8):4-10.

[233]杨飞.大运河文化带建设背景下宿迁市民俗体育文化旅游开发路径研究[J].武术研究,2022,7(6):91-94.

[234]杨瑀撰.山居新语[M].北京:中华书局,2006.

[235]姚琼,张懿,马晓伟.民俗民间体育文化在中小学传承的价值和策略——以雷州为例[J].体育文化导刊,2020(2):97-102.

[236]易乐.大运河文化带建设背景下城市滨水开放空间活力提升探究[D].苏州科技大学,2022.

[237]尹宁宁,祝文钢,田磊,等.游戏视角:民俗体育文化注疏[J].体育科学,2015,35(7):90-97.

[238]于澜.大运河文化在天津市文化自信建设中的作用研究[D].河北工业大学,2019.

[239]郁俊,王小娟,刘军.试论民间传统体育与农村全民健身[J].体育文化导刊,2015(9):58-62.

[240]袁红涛.宗族村落与民族国家:重读《白鹿原》[J].文学评论,2009(6):85-89.

[241]袁筱平,许宝平.陇南民俗体育特征及发展对策研究[J].兰州文理学院学报(自然科学版),2014,28(4):82-84.

［242］臧知非.论语［M］.开封:河南大学出版社,2008.

［243］詹祥粉.民俗体育概念及其特征探析［J］.搏击(武术科学),2013,10(12):99-101.

［244］占玉珍,王俊奇.民俗体育与民间体育辨析［J］.体育文化导刊,2009(4):140-142+149.

［245］张博.京杭大运河天津段保护与利用研究［D］.天津大学,2015.

［246］张春红.大运河文化带宿迁段文化资源调查与保护对策研究［J］.才智,2023(5):144-146.

［247］张登峰.空竹的体育文化价值［J］.体育文化导刊,2008(11):43-44.

［248］张帆.对大运河线旅游开发潜力的思考［J］.旅游科学,1999(2):4-7.

［249］张国栋,刘坚,李运,等.我国民俗体育发展现状及对策研究［J］.西安体育学院学报,2008(1):4-7.

［250］张航.“共建共治共享”视角下江苏省大运河文化带治理创新的困境与对策［J］.南京邮电大学学报(社会科学版),2018,20(4):47-55.

［251］张贺,刘阳,王钰等.坚定文化自信,努力建设中华民族现代文明［N］.人民日报,2023-06-04(001).

［252］张华江,李萍,王建宏.文化自信与文脉赓续:民俗传统体育文化融入高校通识教育课程体系探析［J］.广州体育学院学报,2021,41(5):58-62.

［253］张华江,王晓东.汉水流域民俗体育的文化特征及社会功能［J］.广州体育学报,2015,35(2):20-22+32.

［254］张景岩.李连杰演绎的迷踪拳——电影《霍元甲》拳法动作分析［J］.精武,2006(4):17-18.

［255］张鲁雅编.中华体育之最［M］.北京:人民体育出版社,1990.

［256］张述存,冯锋.坚持守正创新勇担时代使命［N］,光明日报,2023-

07-25.

[257]张同宽.海岛渔村原生态海洋民俗体育特征研究——以舟山群岛为例[J].成都体育学院学报,2011,37(5):38-41.

[258]张卫,樊佩佩,马岚.大运河文化带建设国际性传播发展状况及策略——以江苏段为例[J].艺术百家,2019,35(2):73-77.

[259]张学军.民俗传统体育文化的变迁及分析——基于甘肃陇西地区云阳板舞的研究[J].体育科学研究,2014,18(3):5-10.

[260]张岩.略论体育产业范畴[J].体育与科学,1993(6):5-7.

[261]张紫晨.中国民俗与中国民俗学[M].杭州:浙江人民出版社,1985.

[262]赵杭飞,黄慧.大运河(浙江段)文化带"语言景观"的三维透视研究[J].文化艺术研究,2022,15(6):55-67+114.

[263]赵静媛,郭凤平,戴学来.浅谈天津漕运与地名文化保护[J].中国地名,2012,(1):74-76.

[264]郑玉玲.闽台民间舞蹈的区域文化特质研究[J].集美大学学报(哲学社会科学版),2018,21(4):118-123.

[265]郑昭明,薛文宇.李派太极五星捶内涵浅析[J].武当,2014(8):19-21.

[266]郑昭明.武清李氏太极拳《内外太极歌诀》探析[J].武当,2015(9):27-28.

[267]郑昭明.武清李氏太极拳内涵初谈[J].武当,2019(2):22-23.

[268]中共国家民委党组.以铸牢中华民族共同体意识为主线 推进新时代党的民族工作高质量发展的纲领性文献[N].人民日报,2021-11-08(012).

[269]中国名城编辑部.新时代大运河文化的保护、传承、利用——大运河文化发展论坛综述[J].中国名城,2021,35(7):89-91.

[270]中国体育科学学会.体育科学词典[M].北京:高等教育出版

社,2000.

[271]中华人民共和国中央人民政府.习近平出席文化传承发展座谈会并发表重要讲话[EB/OL]. https://www. gov. cn/yaowen/liebiao/202306/content_6884316. htm? device = app. 2023-06-02.

[272]钟敬文.民俗学概论[M].上海:上海文艺出版社,1998.

[273]仲富兰.尴尬的传统节日[J].社会观察,2005(7):24-25.

[274]周传志,陈俊钦.宗族社会视角下的闽台民俗体育历史作用与现代价值[J].武汉体育学院学报,2013,47(7):12-15.

[275]周翔.海南黎族、苗族"三月三"节日习俗演变及现状[J].广西民族师范学院学报,2012,29(5):12-15.

[276]朱海燕.民俗体育文化内涵与特征解读[J].才智,2014(8):312+315.

[277]朱华友,陈宁宁.村落祠堂的功能演变及其对社会主义新农村建设的影响——基于温州市莘塍镇50个祠堂的整体研究[J].中国农村观察,2009(2):86-94.

[278]朱艳楠,郑丽.北京非物质文化遗产的保护与发展研究——以天桥中幡为例[J].传承,2014(8):141-143.

[279]朱阳,刘小溪.文化空间视角下大运河天津段非物质文化遗产保护路径研究[J].中国非物质文化遗产,2022(2):96-103.

[280]朱以青.传统技艺的生产保护与生活传承[J].民俗研究,2015(1):81-87.

[281]庄艳华,赵来安,杨春元,等.基于理性的体育人文教化研究[J].山东体育学院学报,2017,33(5):31-35.

[282]易小明,乔宇.民族文化特质对区域协同发展的深层影响探析——以武陵山片区为例[J].广西民族大学学报(哲学社会科学版),2015,37(1):74-78.

[283]翟玉章.北京通州大运河水脉特征及对城市绿心格局组织的思考

[A]. 2022 年中国城市规划年会论文集,2023:11.

[284] He Pingxiang, Zheng Guohua, Gong Zhengwe. *Survival of Folk Sports—Related Cultural Heritage in China* [J]. The International Journal of the History of Sport,2021,37(12).

[285] Werner Breitung, Jing Lu. *Suzhou's Water Grid as Urban Heritage and Tourism Resource:an Urban Morphology Approach to a Chinese City* [J]. Journal of Heritage Tourism,2016,12(3):251-266.

[286] William. B. Gudykunst. *Communicating With Stranger* [M]. NY: MC-Graw Hill,1992.

附　录

《大运河文化带天津民俗体育文化特质研究》
访谈提纲

1 采访对象：天津市教育局、天津市体育协会、天津市民俗体育的专家学者以及从事民俗体育教育的教师。

2 访谈目的：通过专家访谈，进一步了解大运河文化带天津民俗体育文化特质。

3 访谈形式：个人导出访谈。

4 问题提纲：

(1)您对大运河文化带天津民俗体育发展现状有何想法与认识？

(2)您对现阶段大运河文化带天津民俗体育的文化生态底蕴有何见解？

(3)您对大运河文化带天津民俗体育的发展历程有哪些了解？

(4)您觉得大运河文化与天津民俗体育文化之间有何巧妙联系？

(5)您认为大运河文化带天津民俗体育文化区别于其他区段有何独特魅力？

(6)您认为大运河文化带天津民俗体育文化特质的主要由哪些元素构成？

(7)您认为未来大运河文化带天津民俗体育顺应时代变迁将会如何发展？